中央高校基本科研业务费专项资金资助项目(No. NR2019048)

学术话语共同体的语用修辞研究

张立新　著

东南大学出版社
SOUTHEAST UNIVERSITY PRESS
南京·2020

图书在版编目(CIP)数据

学术话语共同体的语用修辞研究 / 张立新著. -- 南京：东南大学出版社，2020.12
 ISBN 978-7-5641-9284-6

Ⅰ.①学… Ⅱ.①张… Ⅲ.①学术交流—应用语言学—研究 Ⅳ.①H08

中国版本图书馆 CIP 数据核字（2020）第 246046 号

学术话语共同体的语用修辞研究
Xueshu Huayu Gongtongti de Yuyong Xiuci Yanjiu

著　　者	张立新
出版发行	东南大学出版社
社　　址	南京市四牌楼 2 号　　邮编：210096
出 版 人	江建中
责任编辑	杨　凡
网　　址	http://www.seupress.com
经　　销	全国各地新华书店
印　　刷	广东虎彩云印刷有限公司
版　　次	2020 年 12 月第 1 版
印　　次	2020 年 12 月第 1 次印刷
开　　本	700 mm×1000 mm　1/16
印　　张	10.75
字　　数	208 千字
书　　号	ISBN 978-7-5641-9284-6
定　　价	49.00 元

本社图书若有印装质量问题，请直接与营销部联系。电话：025-83791830

PREFACE 前言

"共同体"(Community)研究可以追溯到亚里士多德的"城邦共同体"。自德国社会学家滕尼斯首次明确提出"共同体"概念以来,卢梭、康德、马克思、哈贝马斯、布朗、波兰尼等学者分别从社会学、哲学、政治经济学等学科进行了"利益共同体""伦理共同体""真正共同体""世界共同体""科学共同体"以及"学术共同体"研究。随着研究的语言学转向,"共同体"的话语研究路径形成,即"话语共同体"研究。

话语共同体的理论建构,主要包括英美学派和欧陆学派研究。英美学派采用的是语言游戏观、家族相似性、言语语用观和日常话语分析。欧陆学派采用社会批评视角和批评话语分析。哈贝马斯吸收了欧美学派思想,提出了共同体研究的商谈伦理学基础。

共同体目标、主体、机制、渠道和体裁构成"话语共同体"研究五位一体的内容和特征,在这些内容和特征中,文体修辞是基础和重点。文体学研究路径包括功能文体学、认知文体学、语用文体学、批评文体学研究。修辞学路径包括经典学派、ESP(专门用途英语)/EAP(学术英语)学派和新修辞学派的研究。它们具体从微观的词汇语法及修辞特征,以及宏观的语篇、语类修辞结构,采用隐喻、言语行为转喻等微观的文体修辞策略,以及转叙、委婉化、自然化、合理化等宏观修辞叙事策略,研究"话语共同体"的目标、机制、身份认同等内容。

在"话语共同体"文体修辞研究中,元话语是一基本路径,从元话语的词汇语法、语篇结构到语用和修辞的各个层面,可以对学术共同体的话语特征做出描述。我们从系统功能模式、反身性模式、主体间性模式、语用模式和修辞模式,分别对元话语的分类和功能进行了总结,经过模式融通,建构了语用修辞范式,对共同体话语做出了分析。

学术话语共同体的文体修辞建构具有跨学科特征,通过言语事件转喻,我们对人文社科和理工科学术语篇的语用修辞特征，以及诱发合作、同一、认同及同体构成的修辞功能，做了对比研究。学术语篇由事前的条件、事中行为和方式、事后同一效果语步，构成语篇修辞结构，构建共同的学术语篇空间结构。宏观结构上，学术研究前的文献回顾、理论架构，建构了研究的基础，事中的研究设计构成核心，事后包括结论和建议。每一语步由微观步骤构成，我们对两种语篇的修辞文体和修辞功能进行了对比，为不同学科的学术写作提供参考。

学术写作的事件图式中，主体和言语行为可转指文化用意，揭示文化意态和文化价值观。通过跨文化语用修辞对比研究，可揭示出英汉不同学术共同体话语在权力距离、集体主义或个人主义意识、情感类型等方面的文化价值观差异。通过中英学术论文中结果与讨论部分的言语事件转喻对比，我们分析了阐述类言语行为的不同使用。在宣言、弃言方面，在方向质（＋／－）上，对话语空间形成反转、构成对立同一过程。通过情态量值的高低使用，对话语空间进行拓展，形成同情同一。通过主体视角内外聚焦的显隐性方式，形成无意识同一。由同一关系，诱发合作，形成同体，构建出话语共同体的不同价值目标。

把话语共同体五位一体范式置于社会文化语境中，在广义的语用修辞视角下，我们从构成范式的主体、学科层级、主题目标、机制和表述方面，研究了当代中英学术共同体的研究现状，对未来中国学术话语体系构建提出问题路向、方法运用和语用修辞策略借鉴。

本书在话语共同体研究的理论和实践方面提出了独到的见解和方法借鉴，如共同体研究的元话语路径，元话语的多声介入范式，基于言语事件的语用修辞范式，事件中主体视角的聚焦方式，阐述类言语事件的子类细分（解述、换述、回述、详述、转述等），共同体构建的语用修辞平衡，以及 Wmatrix 和 CiteSpace 可视化软件的使用等。本书得到了南京航空航天大学基本业务费专项资金项目（NR2019048）和基础研究培育基金项目（ND2020013）的资助，在此一并致谢。

张立新
2020 年 8 月

目录

第一章 共同体研究······001
1.1 共同体概念······001
1.2 共同体类型······002
  1.2.1 想象共同体······002
  1.2.2 功能性共同体······003
  1.2.3 科学共同体······003
  1.2.4 学术共同体······004
1.3 共同体特征······004
本章小结······005

第二章 话语共同体：共同体的话语学研究······006
2.1 理论基础······006
2.2 定义······007
2.3 特征······008
2.4 话语策略······009
本章小结······010

第三章 话语共同体的文体修辞研究······011
3.1 从语言学到文体学、修辞学研究······011
3.2 文体学与修辞学研究······013
  3.2.1 文体学研究······014
  3.2.2 修辞学研究······019
3.3 共同体构建的文体修辞策略······021
本章小结······023

第四章 话语共同体文体修辞研究的元话语模式 ···································· 024
4.1 文体修辞的元话语研究 ·· 024
4.2 元话语 ··· 024
4.2.1 理论基础 ·· 025
4.2.2 定义 ·· 027
4.2.3 特征 ·· 027
4.2.4 分类 ·· 030
4.3 元话语模式 ·· 033
4.3.1 系统功能模式 ·· 033
4.3.2 反身性模式 ··· 049
4.3.3 语用认知模式 ·· 058
4.3.4 修辞模式 ·· 071
本章小结 ··· 081

第五章 共同体的元话语语用修辞研究 ·· 082
5.1 语用与修辞 ·· 082
5.2 元话语的语用修辞模式 ·· 084
5.3 基于言语事件转喻的元话语分类 ··· 085
5.3.1 指示语 ··· 085
5.3.2 基本元话语 ··· 087
5.4 元话语语用修辞功能 ·· 095
5.4.1 语篇修辞功能 ·· 095
5.4.2 人际修辞功能 ·· 096
5.5 共同体文体构建的元话语语用修辞分析 ···································· 098
5.5.1 文体特征描写 ·· 098
5.5.2 语用修辞动机揭示 ··· 099
5.5.3 同一效果解释 ·· 100
本章小结 ··· 112

第六章 学术话语共同体的跨学科语用修辞对比研究 ························· 113
6.1 文体修辞构建 ··· 113
6.2 共同体和学科领域 ··· 114

6.3 跨学科话语共同体的语用修辞研究 …………………………… 116
　　　　6.3.1 研究问题 ………………………………………………… 117
　　　　6.3.2 研究方法与过程 ………………………………………… 117
　　　　6.3.3 结果与讨论 ……………………………………………… 117
　　本章小结……………………………………………………………… 130

第七章　学术话语共同体的跨文化语用修辞对比研究……………… 132
　　7.1 跨文化修辞 …………………………………………………… 132
　　7.2 言语文化行为 ………………………………………………… 133
　　7.3 文化的言语修辞 ……………………………………………… 134
　　7.4 中英学术话语共同体的跨文化语用修辞对比研究 ………… 135
　　　　7.4.1 研究问题 ………………………………………………… 135
　　　　7.4.2 研究方法与过程 ………………………………………… 135
　　　　7.4.3 结果与讨论 ……………………………………………… 135
　　本章小结……………………………………………………………… 140

第八章　人文社科学术话语共同体的语用修辞构建研究…………… 142
　　8.1 研究回顾 ……………………………………………………… 142
　　　　8.1.1 国外研究 ………………………………………………… 142
　　　　8.1.2 国内研究 ………………………………………………… 143
　　8.2 研究问题 ……………………………………………………… 144
　　8.3 研究方法与过程 ……………………………………………… 144
　　8.4 研究结果 ……………………………………………………… 144
　　　　8.4.1 总体趋势 ………………………………………………… 144
　　　　8.4.2 研究层次 ………………………………………………… 146
　　　　8.4.3 学科构成 ………………………………………………… 147
　　　　8.4.4 研究主题 ………………………………………………… 149
　　　　8.4.5 研究机制 ………………………………………………… 151
　　　　8.4.6 主体构成 ………………………………………………… 152
　　本章小结……………………………………………………………… 153

参考文献……………………………………………………………………… 154

第一章 共同体研究

"共同体"概念自古希腊起源以来,经过了社会学、政治学、哲学、伦理学等多领域研究,其定义、范畴和特征发生了历史演变,形成了当代的学术共同体研究。本章对这一发展脉络和基本概念、类型做一梳理。

1.1 共同体概念

"共同体"是建立在自然基础上的历史和思想积淀的联合体,是人类为了应对自然的挑战,根据血缘、地缘或意识形态所形成的社团。"共同体"(Community)研究源于西欧,先后传播至美洲、日本,后来影响到中国。"共同体"可以追溯到亚里士多德的"城邦共同体",最初的含义是指在城邦里设立的市民共同体。亚里士多德认为(1994:3):"所有城邦都是某种共同体,所有共同体都是为了某种共同的善而建立的。"人们通过对善的共同追求,获得相应的利益而生活于一个共同体之中,国家就是一个德性意义上的"至善"的共同体。亚里士多德的"城邦共同体"指的是"政治共同体"(Kovovia)。

"共同体"概念由德国社会学家滕尼斯(Tönnies)1887年在《共同体与社会》中首次明确提出。滕尼斯把共同体定义为拥有共同特质、相同身份与特点的人们组成的群体,是人们对相同的本能、习惯或思想的共同记忆,是人们对某种共同关系的心理反应,表现为直接自愿的、和睦共处的、更具有意义的一种平等互助关系(滕尼斯,1999:1-2)。滕尼斯所指的共同体是"精神共同体",它以感情和伦理团结为纽带,是基于"本质意志"建立起来的思想联合体,如师生共同体。共同体成员间不存在利益关系,不是利益共同体,不同于权力、法律、制度观念这些"选择意志"组织起来的社会机械合成体,而社会是建立在成员之间的权力、利益关系之上,是人们通过有目的的权利关系组成的联合体。

自"共同体"概念提出一百多年来,学者们思考了人与自然、人与社会、"自我"与"他者"之间共存的可能性,分别从社会学、哲学、政治经济学等学科进行了研究,如涂尔干的"社会团结理论"、卢梭的"利益共同体"、康德的"伦理共同体"、马克思的"真正共同体"、哈贝马斯的"世界共同体"。涂尔干在"社会团结理论"中区分了机械团结与有机团结,前者指的是社会成员之间的情绪、感受、信仰、价值观高度一致,集体统辖个体,建立在趋同或者相似基础上的一种社会联系。后者的集体联结逐渐弱化,个体间价值观、意识形态、信仰等诸多方面差异性加大,是一种更高级的形态,从机械团结走向有机团结,是社会发展的必然趋势。

康德认为,在法律束缚的共同体内,人们仍然可能处于道德的低层次,需建立"伦理共同体",通过伦理道德认同、价值认同和人性的认同,形成"道德法则共同体"。在共同体的成员利益与共同体利益一致条件下,形成"利益共同体",为的是追求成员利益的真正实现,追求成员自由与全面发展,使人的本质得到真正实现,即马克思的"真正共同体"。哈贝马斯认为,人们通过规范有效的程序形成全部人类的法律认同,在共同体内形成自由平等的关系(Habermas, 2001),具有"法律共同体"性质,同时强调共同体的伦理道德基础,与康德、马克思、滕尼斯观点相承。

1.2 共同体类型

"共同体"衍生的概念非常宽泛,根据杨庆堃的统计,各种共同体提法多达140多种,如政治共同体、经济共同体、安全共同体、想象共同体、命运共同体等等,分类的标准大多以学科为基础,各学科有各自的命名。这里我们仅列出和本书相关的几个本质的类型。

1.2.1 想象共同体

随着人类历史的发展、社会分工和私有制的出现,资产阶级把自己的特殊利益说成是全民的共同利益,这样,由资产阶级特殊利益代表的政治集团构成的国家就是一个虚幻的共同体。马克思认为,"正是由于特殊利益和共同利益之间的这种矛盾,共同利益才采取国家这种与实际的单个利益和全体利益相脱离的独立形式,同时采取虚幻的共同体形式"(1995:80,294)。当社会分工和私有制被消灭,人从被统配和被忽视的社会关系中解放出来,得到自由全面的发展时,便建立起真正的共同体。

1.2.2 功能性共同体

在美国,芝加哥学派的代表人物帕克(Park)(1936)对共同体理论加以发展,推进了城市社区理论,社区邻里关系、成员的共同情感以及城市居民心理状态,成为共同体重要内容,突破了地缘、血缘共同体概念,将社会关系与共同情感作为共同体的核心,融入了权力组织、社会网络、社会资本等多种新元素,也因此具有了多种功能的"功能性共同体",如政治、经济共同体,强调它的功能性而非结构性。权力控制、人际交流、资本收益,是一种内生于社会关系的"契约共同体",强调共同体内各成员的权利和义务,有效地发挥政治、经济、社会的功能。目前,"功能性共同体"成为一股强劲的理论流派和重要的分析路径。

20世纪90年代以来,西方社会兴起的"社区主义"(Communitarianism)"公民社会"(Civil Society)思潮,将"功能性共同体"看作是公民社会的一个面向,承认异质性、包容性和价值观的建构性,将各种具有不同功能的政治共同体、经济共同体等联合起来使共同体的功能得以有效发挥,建构整个人类社会美好未来的"人类命运共同体",形成建构主义路径。

1.2.3 科学共同体

随着现代工业化和科技的发展,学者们从社会关系、社会认同的社会学研究,逐渐转向关注自然科学领域。到了20世纪后半叶,从社会共同体研究转向了科学共同体研究。科学共同体理论从波兰尼的科学家集团开始,到科学精神特质阐释的默顿规范,通过库恩范式理论得以展现。波兰尼(1951:53)认为,每一个学者都属于专门化了的科学家特定集团。这些不同团体的科学家集团共同形成了科学共同体。科学家群体具有共同的科学信念、共同价值和共同规范,相互协调合作进行科学研究、科学研讨,有一定的组织机构和交流的期刊,科学共同体具有跨国籍、跨地区的松散组织,共同体成员遵循共同的"默顿规范"和"库恩范式",范式包括共同的科学信念、理论框架、实践规范和语言系统。

1.2.4 学术共同体

现代意义上的"学术"指系统的、专门的学问,人们从事的是知识的生产、传播与应用的工作、生活和活动,"学术共同体"的内涵和范畴要大于"科学共同体"。布朗1942年在《科学的自治》一文中把具有共同信念、共同价值、共同规范的从事科学研究的科学家群体认为是一个共同体。库恩和默顿认为,学术共同体是由一些有共同的精神追求的专长专业人士,为了共同的目标、遵循一定规范而形成的团体。总之,学术界有相同价值取向和目标的学者,遵循一定学术规范,由一定的机制构成,形成学术共同体。范迪克认为,学术共同体是一种"在语境、历史和文化三重知识标准保障下形成的具有共同信仰的认知共同体"(van Dijk,2014:21)。

1.3 共同体特征

"共同体"在领域上可以是单一共同体,如学习共同体、学术共同体、政治共同体、经济共同体、网络安全共同体,由同时同地从事某项工作或生活的群体组成,使用独特行话、俚语、缩略语或专业术语,群外人员需学会相关语体,经过一定仪式才能被接受,如入学典礼、就职仪式。

"共同体"也可以是多领域混合共同体,如政经共同体(欧盟)、联合国。共同体地域范围可小可大,如经济共同体可以是社区的、区域的(如BRICKS)和国际的(如WTO)。共同体主体处于复杂的社会关系交织和动态建构中,包括各民族、各国人民在内的人类属于同一共同体。人类面对气候变化、核威胁等全球危机,需要形成共同的道德观、价值观,建构国际化社区(Cosmopolitan Communities)、"人类命运共同体"(A Community with a Common Destiny)(Wodak,2018:406)。

除了以上特征变化外,共同体还具有一个特征,即对未来命运的期待(Future Expectation),如对欧洲未来政治身份的期待,成为欧盟话语的特征(Wodak & Chilton,2016:149-160)。"人类命运共同体"是对人类共同美好未来的期待,一种心理愿望,涉及价值评价和认同,包括对人性道德伦理评价,或是基于哈贝马斯的商谈伦理学(严明,2013)。共同体另外一个特征是共同的思维,或者是"认知共同体"的隐喻思维特征(如联合国"大家庭"隐喻),往往通过"国家是人、国家是人体"(State as Person, Nation as Body)加以隐喻思维,在人体隐喻中实现对人类命运共同体的身份认同(Wendt, 2004; Wodak, 2009: 26),通过隐喻构成"想象共同体"。(Wodak, 2018:404)

本章小结

"共同体"研究可以追溯到亚里士多德的"城邦共同体",自德国社会学家滕尼斯首次明确提出"共同体"概念以来,卢梭、康德、马克思、哈贝马斯、布朗、波兰尼等学者分别从社会学、哲学、政治经济学等学科进行了"利益共同体""伦理共同体""真正共同体""世界共同体",以及"功能性共同体"和"学术共同体"研究。"共同体"具有层级性、混合性、异质性、包容性、期待性和建构性。这些多学科研究,为"共同体"研究提供了理论基础,提出了建构的对话机制、渠道,共同体身份、关系建立涉及"共同体"的话语建构,需要进行话语学研究,即"话语共同体"研究。

第二章　话语共同体：共同体的话语学研究

随着哲学等学科研究的语言学转向，共同体也从多学科研究向话语学路径转变，确立了话语共同体的基本概念、内容和特征。本章主要从英美学派和欧陆学派，梳理话语共同体研究的基本理论发展和内容。

2.1　理论基础

20世纪后半叶以来，随着哲学的语言学转向以及社会学、政治学等学科与语言学研究的结合，学者们从语言哲学、话语学、文体学、修辞学、商谈伦理学等多学科(Burke，2014；严明，2013)研究共同体的理论建构。英美分析学派以语言游戏观(Language Game)和家族相似性(Family Resemblance)对共同体做出了语言哲学解释(严明，2010)，认为描述、报道、故事、演戏等各种"语言游戏"变体按照规则构成一个家族。语言游戏、日常话语都是"生活形式"的一部分，是人们在社会文化语境中的活动，话语主体遵循一定游戏规则，通过语言游戏方式，习得和使用共同体话语语体。日常语言学派奥斯汀(Austin)和舍尔(Searl)认为语言即行为，人们参与共同体话语活动时，就是以言行事，需遵循合作、关联、礼貌等普适性认知语用原则。另一方面，欧洲大陆学派强调语言受社会文化语境规约的作用，认为话语与机构、社团、社会文化语境联系在一起(Flowerdew & Richardson，2018：1)，费尔克劳(Fairclough，1992，2018)的话语与社会的辩证关系学说认为，社会影响话语构成，同时社会由话语建构，因此，共同体也由话语建构，形成"话语共同体"。共同体成员使用特殊文体、词汇语法，通过一定机制、渠道，形成共同的目标，建构身份和关系，其中，话语语体(文体)成为共同体研究基础。欧陆学派采用话语与社会的辩证—关系分析法、社会—认知分析法和话语—历史分析法，进行批评(积极)话语分析，从文体结构，具体从互文性对中美领导人话语的主体位置、认知语用功能做出了批评话语分析(辛斌,2016);以隐喻等认知结构和社会功能,研究了"人类命运共同体"建构(文秋芳,2017;黄国文,2017),用语用批评分析中美两国领导人的身份、亲和等语言风格(陈新仁,2013)。从文体修辞研究机构身份的文体选择、国际治理以及命运共同体、国家形象建构。哈贝马斯吸收了两个学派思想,认为共同体既遵循普适性话语语用原则,又受社会文化风俗、伦理道德规约,提出话语共同体研究的商谈伦理学基础,以协商的真诚性、真实性和规范的正当性、言语的可理解性四个准则,确保程序上机制的有效性,通过价值评价形成普遍认同的伦理原则目标和身份,并通过话语互动实践建构。从话语使用的伦理语用学角度出发(Ethical Pragmatics),陈新仁认为,言语行为、合作、礼貌等原则的遵守与违反,预设了道义责任与伦理准则制约机制,规定了人与人、人与社会、人与自然相处的道德秩序,遵循共商、共建、共享原则,实现构建"人类命运共同体"目标。

2.2 定义

"话语共同体"由"语言共同体"发展而来,"语言共同体"由类似规则组成的一系列共享语言变体组成。在交际中,人们使用特有的语音、语法规则组成不同于其他使用者的团体,如中国英语、伦敦英语、纽约英语(Labov,2015:529)。交际中,共同体成员遵循一定的规则知识、使用模式(Swales,1990),形成"言语共同体"(Speech Community)。"言语共同体"同时受社会习俗制约(Borg,2003:398),遵循一定社会规则(Capone,Mey,2016:4)。当语境从语言内部扩大到话语实践范围时,便形成"话语共同体"。

"话语共同体"(Discourse Community/Discursive Community)最初由威斯康星-马蒂森大学(Wisconsin-Madison)的 Matin Nystrand 教授在写作教学中提出。1986 年,美国英语教师协会分会——大学写作与交流研究会,对"话语共同体"概念展开讨论,其中赫兹伯格(Herzberg,1986:45)从学术英语和学术共同体角度,提出"一组语言的使用就是社会行为,话语维系和延伸着组织内的知识并向初学者传授知识,而且话语是对组织内知识的认识或应用"。这一概念体现话语交际是社会实践的观点,突出认知共同体内涵及其共同体形成基础,但没有明确形成机制和具体的话语建构方式。经过学界争论,目前公认的是 Swales

的定义,即"一个由共同的目标,相互的交流机制、渠道,使用特定的体裁和专用词汇的成员组成的团体"(Swales,1990)。共同体小到家庭、朋友圈(如集邮爱好者)、各种协会,大到联合国等国际组织,可以是单一领域组成的团体,如经济共同体(世界贸易组织、金砖国家)、军事共同体(北约),也可以是多领域组成的团体,如政治经济共同体(欧盟),参加成员须接受共同体规则、价值观(如普世价值观),借助一定的交流机制和渠道进行。

2.3 特征

"话语共同体"具有 6 个不同于其他话语的特征和标准(Swales,1990:471-473):

(1) 具有常见的、广泛认同的目标,如政治互信、经济合作、包容性发展;目标是公开的而非伪装的,可以写进文件,也可以是成员之间达成的默契,如达成的协议或口头回应。

(2) 在"话语共同体"内成员之间有一定的相互交流渠道,如出版物。

(3) "话语共同体"使用特殊的交流机制提供信息、获得反馈,如对话机制、论坛、会议。

(4) 在交际目的下形成"话语共同体"体裁。

(5) 使用特有体裁的词汇,要学会行话。

(6) 成员有一定的准入标准,要达到相关要求,才能进入共同体。

"话语共同体"概念确立了完整的目标、机制、渠道,但没有揭示出"话语共同体"构成的具体机制、社会文化制约的具体操作原则(严明,2010)。提出的词汇、体裁和身份要求,符合机构性话语特征,但不同于实体机构话语严格的语域限制性(如法律话语、新闻话语、学术话语等),具有开放性、动态性、交互性和虚拟建构性,往往是多主体组成的多领域的融合性团体。"话语共同体"指的不仅是由个体聚合的群体,而是开放性人际网络或社会网络,共同体内外成员需在社会实践和交流体验中才能形成群体知识和思想集合(Cluster of Idea),这些社会认知规定着成员的世界观和经验理解,被称为"阐述共同体"(Interpretive Community),成员对于共同体有不同的理解和诠释。

"话语共同体"不同于机构话语和专门用途语言。机构话语限于自足性领域

(Autonomous Spheres),如专业学术团体、企业、政府机构、宗教组织;专门用途语言如专门用途英语属教育领域,是学术机构话语。"话语共同体"是多机构话语混合而成的复杂系统(Multi-institutional Complexes)(Wodak & Chilton,2016:286),从私人场合、政府到国际社会,呈现出层次性,层级间关系复杂,涉及不同地区的语言、种族、宗教。

当代新的语境下,"话语共同体"的特征表现出新的变化:

(1) 目标的多元化、包容性:共同体目标不再局限于共同价值观(如普世价值观),而是各种文化价值观的共存,如"人类命运共同体"融入了中华"和合"文化的"和而不同"价值观,融入了中国元素。

(2) 交流渠道的多样化、多模态化:在信息技术环境下,新媒体、社交媒体(如 tweet)的运用,成员可利用多种渠道组织交流、发起活动、表决规则、接受成员。

(3) 机制的综合性:价值观、目标等研究对象的变化势必导致治理机制(regime)的改变,包括成员角色、身份、关系规范、治理规则、程序和政策范式(Wodak & Chilton, 2016:285),既有规则治理,又有关系治理,还有人类道德伦理治理(严明,2013)。

(4) 文体呈现出混合性、多模态性、互文性和互语建构性(Wodak & Chilton, 2016:127):共同体内(如欧共体)话语由政治报告、历史文献、谈话、法律文档等各种文体构成,并非单一文体,而是各种文体混合;在强调使用同一工作语言的同时关注语言使用的多样性,除了语言外,还有其他符号之间的媒际互文性。

(5) 共同体成员的身份认同和关系身份的建立呈现多样性、动态性和建构性,形成共同体成员间的默契关系(Silential Relations)(Swales, 2016)。

2.4 话语策略

共同体由话语建构,在话语的社会实践中实现。共同体的混合性使得它由混合文体建构,是在语境重置下的各机构话语的交织,即由互语性建构而成(Fairclough, 2005)。

在混合文体的建构中,需使用互文性叙事策略(转述、转叙)(Capone,

Kiefer & Piparo,2016:93),如通过语用指示语"we",或由"we-body""our (inter)National Body",用你中有我、我中有你的人体转喻(转述)家庭、国家乃至整个人类社会,构成人类命运共同体(Wodak, et al,2009:45)。此外,还有叙事(如转叙)中的评价策略(内在评议、外在评议),有合作、关联、回应、礼貌等语用策略,认同修辞策略,以及相关的价值观、伦理架构策略和管理策略(Holtzhausen & Zerfass,2015)。

本章小结

20世纪后半叶以来,随着哲学的语言学转向以及社会学、政治学等学科与语言学研究的结合,学者们从语言哲学、话语学、文体学、修辞学、商谈伦理学等研究共同体的理论建构,主要包括英美分析学派的语言游戏观和家族相似性,日常语言学派的言语语用观,以及欧洲大陆学派和澳洲悉尼学派的社会批评,采用话语—语用、修辞批评、批评隐喻分析法,对学术共同体、政经共同体等进行了研究。哈贝马斯吸收了欧美学派思想,提出共同体研究的商谈伦理学基础。根据话语与社会的辩证关系,共同体由话语建构,同时共同体影响话语构成,形成"话语共同体"研究,从目标、机制、渠道、体裁、语法词汇、身份准入6个特征和标准研究了商务英语等学术共同体、政经话语共同体等。但是,作为话语实践和共同体社会实践中介的文体学(语体学)研究,是话语共同体研究的基础和重点。同时,鉴于"话语共同体"目标的多元化、包容性,渠道的多模态化,机制的综合性等新特征,话语的文体、身份具有混合性、互语建构性,需要进行后现代建构,涉及语用策略,评价策略,体裁互文性中转述、转叙(转喻)等文体修辞策略,认同修辞策略等,需要进行文体修辞研究。

第三章 话语共同体的文体修辞研究

文体是话语共同体研究的基础。在话语共同体的文体研究路径上,从经典的修辞学派发展到现代的文体修辞学派,特别是20世纪90年代以来,形成了英国的修辞学派、北美的新修辞学派、悉尼的功能学派、英美的语用认知学派,以及欧洲大陆的批评话语分析学派。本章对话语共同体的文体修辞研究做一梳理和研究。

话语主体使用特定体裁和专用词汇,由共同的目标、相互的交流机制和渠道组成的团体,构成话语共同体。话语是共同体的反映,共同体通过话语建构。作为话语实践和共同体实践中介的文体修辞研究,语言、修辞在质、量上的"偏离"使用,形成文体修辞特征,产生情感反应,形成心理"突出",经过社会评价和美学鉴赏,诉诸理性、情感和人品,产生言后的文体修辞效果,形成"前景化"的主题。修辞的使用,诱发合作,形成同一,由同一求认同,从而形成"修辞共同体"。"修辞共同体"提供了"话语共同体"文体建构的修辞学视角,把文体的修辞学研究与认知语用研究对接;实践上,对"学术共同体"研究提供了话语文体修辞的学理基础和方法借鉴。

3.1 从语言学到文体学、修辞学研究

"话语共同体"研究共同目标、机制、交流渠道、文体和专用词汇、身份认同等问题(Swales,1990),其中,文体是共同体和话语实践的中介,从话语的文体或语体可研究共同体内容。

话语文体学是话语学与文体学的交叉学科,其理论基础是话语语言学、文体学。文体学源于修辞学,和修辞学不可分割,采用了语言学和修辞学分析方法和工具(Zienkowski, Östman & Verschueren, 2011:266-297),如系统功能语言

学、批评认知语言学、新修辞学。

话语文体学随着话语语言学的发展而来。话语语言学在结构层次上,从语言表层到深层,从语言内部到外部,分为语音学、语法学、语义学、语用学,包括微观的词汇语法和宏观的语篇结构、交际结构,既有口头的会话分析,也有书面的篇章分析(王福祥,1994)。

话语语法学以结构主义语言学为基础,认为话语是一个大于句子的语法单位,用句子实际切分法分析词序变化、句子结构类型的交际功能,句子间的指示、照应、替代等语法衔接(Cohesion)手段形成"句子链""超句统一体"特征、因果对比等修辞结构,以此分析话语表层的微观结构。从超句语法结构扩大到整个语篇,用故事语法对完整语篇的叙述结构进行分析,其中 Labov(1972)的口头叙事结构,包括点题、指向、进展、评议、结果或结局、回应,成为形式文体学的宏观语篇文体特征分析基础。

话语语义学从深层的因果、转折、条件等语篇语义连贯(Coherence),从已知信息的主位(Theme)和传达未知信息的述位(Rheme)的"主位推进程序",由局部的微观结构,通过选择、删除、概括等语义转换规则,构成宏观语篇结构,由作者向读者的叙述进入话语层面。在文学话语的故事叙述中,叙事层次结构(van Dijk,1980:116)所在的话语层面,包括叙事(Narrative)和道德(Moral),由情景(Setting)指向进入情节(Plot),包括各种插曲(Episode),即各语篇世界和亚世界,每个插曲事件(Happening)由进展/复杂性(Complication)和结果(Resolution)构成,而评价(Evaluation)贯穿于整个事件(Happening)。

系统功能语言学考察情景语境和文化语境中的话语,研究语域中的概念、人际和语篇三大功能和语类构成,从词汇语法层面考察概念形成,把指示、替代、省略、重复等语篇的衔接与语义连贯相结合,从情态语气考察所建立的人际关系,研究其中的词汇语法的偏离使用、有动因的凸显、主题作用和文体效果形成。

话语语用学考察交际情景中的对象、交际目的,从会话双方在话轮或话步结构中(发起谈话、轮流发话、修正、接收、结束谈话)采用阐述、指令、承诺、表达、宣告类言语行为,以及指称、预设等语用现象,在交互中体现的地位、身份。言语行为的突出使用,达到特定的语用效果,形成话语语用文体学研究。20世纪80年代初以来,随着语用学的发展,特别是90年代关联理论的发展,话语—语用分析将言语行为与社会学和社会心理学联系起来,认为人们在日常会话时,注意采用合作、关联、礼貌等原则、策略来维持自身、他人或受话人的面子、形象,并应用于文学作品、广告、法律、新闻、医患话语分析,进行学术、经济、政治等话语共同体的身份、形象研究,对语篇的语体杂合、语体转换进行社会用语的批评语用分析(陈新仁,2013),形成语用文体学研究的社会批评视角。

福勒等学者进一步采用巴赫金的对话理论,对《艰难岁月》中的语言情态等文体特征进行了分析,进而分析说话者的社会态度、意识形态、权利和偏见,从而把文体学从文学的美学价值层面拓展到社会文化范围,拓展到文学文体以外的研究,并结合克里斯蒂娃的语篇互文性观点,认同"任何语篇都是对另一语篇的吸收和改造"(Kristeva,1989:37),认为当前语篇中嵌入了历史文化语篇,到1990年代形成了社会历史(文化)文体学,从互语性语体结构、话语秩序研究其中的社会结构、社会秩序、权势、偏见,形成批评文体学。

下面我们沿着话语语言学和话语文体学的发展路径,对话语文体学和话语共同体研究脉络进行梳理,以建立话语共同体研究的话语文体学理论基础。

3.2 文体学与修辞学研究

文体学与修辞学关系源远流长,文体学源自修辞学。亚里士多德最初提出论辩图式和悲剧结构,后来被拓展到其他语域,形成语步、步骤结构,如学术空间模式(Swales,1990)。但经典修辞学派主要从作者、发话者角度出发,关注对读者、听众劝说的修辞效果,研究的对象主要是学术话语和学术共同体,采用方法往往是印象式直觉分析。鉴于这一局限性,新修辞学派认为,修辞不仅可以形成论辩文体的绚丽风格,而且能制约人们的社会行为和思想,在戏剧主义五位一体分析(Burke,1979)基础上,提出体裁的社会认知理论框架(Sociocognitive Theory of Genre)和体裁的动态建构性等五个原则,即情景性、动态性、重复建构性、支配性(语篇社团成员对体裁有支配权,规约的体裁对语篇社团的规范和意识形态等有标示效应)、目的性(运用适当的体裁去达到某个特定的交际目的)(温植胜,2005)。同时,他们还受巴赫金对话性和福柯的社会学理论影响,关注体裁系统的互文性和社会认知建构,认为共同体既具有同质性又具有异质性,既统一又分离,是由自我和他者构成的修辞共同体(Rhetorical Community)(Miller,1994:62),如由隐喻和叙事虚构的"想象共同体"。这样,新修辞学派的文体观为共同体的身份、思维方式、价值观等提出了后现代主义修辞批评模式（伯克，1998；Burke，2014：408）。新修辞学采用的戏剧主义分析法，基于的动机语法和戏剧隐喻，和认知语言学密切相关。

巴利（Bally）通过反思，借用索绪尔的结构主义语言学，开启了文体学的语言学研究模式，逐渐从修辞学中独立，并随着语言学与文学、社会学、认知科学的交叉而发展，从 20 世纪 60 年代的形式文体学，发展到 70 年代的功能文体学，80 年代的语用文体学，90 年代的社会历史（文化）文体学、认知文体学、批评文体学以及叙事文体学，但文体的形成，除了语言结构外，认知文体学、叙事文体学中的隐喻、语篇世界构造、互文叙事、转叙等等，始终与修辞不可分割，需要文体修辞的融合研究。方法和对象上，采用会话分析、语篇分析、话语—语用分析、批评（认知）话语分析、文化话语分析路径，对日常话语、文学话语，以及学术话语、经济话语（商务、广告）等各种话语的"共同体"进行了研究。

3.2.1 文体学研究

（1）功能文体学研究

功能文体学认为，"文体是社会结构和过程的规约，是阶段性的目标导向的社会过程"（Genres are both structures and social process, are staged goal-oriented social processes）(Halliday & Hasan, 1985; Martin, 1997：3)。不同语场、语旨和语式的词汇语法、语气情态和语篇构成话语体裁，同构出社会文化语境中的社会过程、社会关系、社会结构。功能文体学通过系统功能语法的词汇语法模式和体裁结构潜势分析框架，从文本内（Text-internal）词汇语法确定语篇的衔接与连贯（Zienkowski Östman & Verschueren, 2011：6），表达社会态度，建立人际关系，从而确定文本类型、文体，聚焦学习、学术共同体的文体教学，以及社会职业的文体训练，旨在为共同体成员学会所需的体裁规约，构建身份和社会关系。

系统功能语法分析属话语文体学的语义、语法视角，聚焦概念功能、语篇的衔接与语义连贯功能和人际功能，关注这些功能意义的"偏离"、有"动因"的突出使用，以及体裁建构中相似形式或结构出现的频率和产生的文体效果。功能文体学提出关于体裁是社会过程、社会行为的观点，考察体裁形成的社会文化情景性，注重语言学描写的精确性和系统性，但把文体看成是情景语境、文化语境中稳定的、静态的产物。

（2）社会历史/文化文体学研究

受法兰克福学派影响，尤其是福柯后现代主义思潮的影响，语言不再被文体学家看成是一种静态的、中性的载体，而是超越文本形式的动态建构工具。语言应该关注文本、社会和历史语境的互文性关系，应该将注意力转到文体特征与阶级、权利、观念形态的关系上。语言与社会历史（文化）语境互为制约、互为建构，是互文性的动态建构过程，历史文化被嵌入当前文本中，在语篇的衔接与连贯中，体现主体间的多声对话性、主体间性关系和语用交际性。通过文体结构和互文性，揭示出"话语共同体"形成目标的外在社会权力、意识形态、历史文化制约机制，在 20 世纪 90 年代，形成社会历史/文化文体学。但社会历史/文化文体学对于这些外部因素控制，以及学科原则等内部控制、主体控制原则，和社会批评相关，从理论流派上，属批评文体学研究，采用的是社会批评、认知与话语互动的批评话语分析法，包括辩证—关系分析法、话语—历史分析法和社会认知分析法（Wodak, 2016），其中的控制原则、互语性等成为"话语共同体"形成机制、身份建构的重要方式。

功能文体学和社会历史（文化）文体学在修辞方面，通过语法隐喻，对科学语篇等实用文体做出了分析，但范围限于词汇语法层面，缺乏语用行为的解释（Miller, 1994：32），需要关注话语与社会行为的语用辩证关系（Pragma-dialectics）分析，需要结合语用动因，结合言语行为、含义理论，以及合作、关联、礼貌等原则加以语用分析，以研究共同体形成的合作机制、遵循的伦理道德规范。

（3）语用文体学研究

根据舍尔的言语行为理论，意义是言语和行为的融合，无论是修辞中的戏剧行为，还是及物过程的物质行为、言语和思维行为，人类共同的行为形成感知、意象、概念、态度，形成认知共同体。形式和行为的配对，形成意义的象征单位，言语行为的突出使用，有意图的突出，形成文体的语用特征，从而形成社会行为的文体（Genre as Social Action）（Miller, 1994：28），如演讲中，宣告、祝贺。

随着欧美语言哲学和语用学的发展，20 世纪 80 年代，话语分析中的合作原则、礼貌原则和关联理论等被应用于文体学，语用学和文体学结合，形成语用文体学。语用文体学属话语文体学的一部分，研究的对象是日常会话或文学文本中的小说、戏剧中的对话(申丹,2008:349-350),通过语言特征、话步,分析交际双方的意图,分析言语行为采用的合作原则、关联原则、礼貌原则、顺因原则,揭示特定机构话语交际双方(如师生、医患、律师与证人)的地位、身份和权力关系,维护面子和形象建构采用的语用策略(陈新仁,李梦欣,2016)。语用文体学的"偏离、突出、前景化"的文体机理,合作原则、关联原则等机制,把"话语共同体"研究提升到了语用层面。

语用文体学主要研究日常话语、文学话语,而福勒(Fowler,1979)等把这些语篇视为社会文化语篇,历史、文化被视为广义文本,把研究视野从文学文体拓展到了新闻、政治、文化等实用文体。语用交际中的人不再被视为标准的人,而是带有权势、地位和偏见的社会的人;文本被视为异质性和多声性的产物。因此,福勒的批评语言学与巴赫金的对话理论相结合,形成批评文体学研究。

(4)批评文体学研究

福柯认为,知识确定话语框架并赋予权威性(Foucault,1984)。由某一特定领域公认的专长和能力、具有该领域政策上的知识权威的专家所组成的网络构成"认知共同体"(Hass,1995),认知、话语和社会一起,形成"话语共同体"。

"话语共同体"借助于一定的"论坛"通道(Forums Channels),如公共媒体、出版物、专业会议、董事会乃至于家庭聚会,在这些场合确定议题、沿袭传统(Porter,1986:39),通过内外控制和主体控制原则实现话语的生产、流通和消费。外部的社会权力、体制、历史文化对话语加以区别和约制;内部通过学科原则、评论原则和作者原则限制文本意义。作者通过词汇排列次序和语法结构同构了社会秩序和社会结构。在话语控制的同时,也规定了进入话语团体主体的言语行为,对主体进行了控制。主体控制的原则包括学术原则、社团原则、社会占有原则和仪式原则,学术原则和社团原则限制了主体话语活动的语域和群体。人们通过教育学到社团规定,在仪式中确定主体身份,才能加入共同体。福柯的话语与控制提出了话语社团形成的具体操作原则,通过语篇层面的话语秩序同构了社会秩序,对学术话语的交流机制、主体身份进行了分析,为"话语共同体"研究提供了社会批评的理论基础,但研究限于语篇结构,对于"话语共同体"中的体裁,语体、体裁互文性、互语性分析缺乏。

费尔克劳(Fairclough,1989,1992,1995:89,2003:164,2012)把语篇分析提升到话语实践(Discursive Practice)层面,以文本、话语实践和社会实践三维分

析模式,从辩证—关系路径(Dialectic-relation Approach),通过对文本与社会事件、话语类型、风格、话语秩序与社会实践活动领域、身份和社会秩序,以及话语(符号)与社会要素的辩证关系阐述,由体裁互文性(互语性)、语境重置、措施(制定法律、谆谆教诲、物质化)对社会结构、社会关系和社会变革进行解释。文本经过社会情景的再语境化和语篇互文性,形成语体重构和社团重构,建构"话语共同体"。把语境扩大到历史文化语境,互文性也扩大到广义的文化间性、文化对话性,通过对不同时期、不同领域文化语篇间互文关系,研究其中所反映的内容和主题,从而研究共同体形成的历史与现实中的文化意义,形成了话语—历史分析路径(Discourse-historical Approach)(Wodak & Chilton,2016)和文化话语研究(Shi Xu,2014)。学者们把共同体内容重置于整个国际社会文化语境中,对联合国话语作了田野调查,发现在联合国官员、专家、公务员等各种跨语言人群中循环、对话的话语,是由报告、文献和档案等各种文体的体裁互文性构成的话语共同体(Wodak & Chilton,2016:254)。

批评文体分析主要采用社会历史(文化)语境观来探索语言使用的外在社会因素,借助互文性语篇形成机制,对某一"话语共同体"(如欧洲制宪会议)进行了研究,揭示出镶嵌在学术、政治、经济、伦理等话语中主体位置、语用身份、国家形象等问题(Wodak & Chilton,2016:121-189;黄国文,2017;辛斌,2016),同时,他们注意到在话语和社会之间存在认知的中介互动作用,开辟出话语分析的社会-认知路径(Socio-cognitive Approach),提出心智模型、语境模型和认知机制(Knowledge Device)(van Dijk,2016;辛斌,2017;汪徽,张辉,2014),认为社团成员个体在话语互动中产生共同的知识、态度、意识形态,而当个人的认知符合群体的态度和价值观时,便成为社会认知,因此,共同体被认为是一种"在语境、历史和文化三种知识标准保障下形成的具有共同信仰的认知共同体"(van Dijk,2014:21)。社会认知成为个人与社会的界面,控制着群体和个人的社会行为。社会—认知分析模式从微观的词汇、语法、语义的认知特征、互文性转述的语篇功能以及衔接连贯结构分析,拓展到大脑模型中的因果、时序关系,以及整体的图式、超级结构(Super-structures)、架构(Frame)、宏观语体结构分析,如通常的政论文包括标题或概要、简介或指向、事件的复杂性、事件或实验、解决、结论或回应(van Dijk,2016:72;汪少华,袁红梅,2016)。

以上功能文体学、批评文体学研究,主要采用功能语言学分析工具,对从语音、语法、语篇到语义、语用所体现的文体特征、主题意义、文体机理、文体效果、文体风格进行了研究。在此基础上,研究了"话语共同体"的目标、机制和身份,对话语结构所体现的社会历史(文化)关系、身份、国家形象、国家关系做出了描写、解释和诠释,保持了强劲的发展趋势。但是,功能文体学注重于话语意义的结构潜势、历史文化和社会认知因素分析,注重从外在个体角度探讨文体特征,注重于话语产出的认知结构。除了外在的因素,人类内在的认知机制也作用于语言结构(黄国文,贾晓庆,雷茜,2015:132-135)。20 世纪 90 年代,随着认知科学的迅猛发展,文体学也出现了认知转向,文体的认知研究凸显出来,形成认知文体学研究路径。

(5) 认知文体学研究

在共同体实践和文本之间,存在社会认知的中介运作。共同体(如联合国)是由不同专业机构集思广益形成的"认知共同体"(Epistemic Communities)(Wodak & Chilton, 2016:262)。运用意象图式、原型理论、隐喻、心理空间、语篇世界等理论框架和模式(Semino & Culpepper, 2002),通过对语言内在结构和特征的分析,可以透视话语生成背后的认知结构,阐述语言接受者理解的认知过程、主题形成和认知效果(文体效果)。学者们运用这些认知模式,特别是隐喻模式,对政治共同体、经济共同体等进行了研究,以批评隐喻(转喻)分析框架(Lakoff, 2016; Musolff, 2016; Charteris Black, 2004),如用社区或家庭隐喻的"严父"(Strict Father)、"慈亲"(Nurturant Parent)模式,分析了不同共同体治理思路(如共和党、民主党),通过对共同体话语(如联合国一般辩论)中的政治、经济、文化和环境隐喻的三大功能分析,研究了"人类命运共同体"的隐喻性阐述和国家形象建构(文秋芳,2017)。但是,以上个案分析仍然是对概念隐喻、情态隐喻和语篇隐喻功能的离散分析,限于文体的微观研究,对于三种隐喻如何融合成文体隐喻,进而从个体风格转喻(转述、转叙)民族风格,从而进行国家形象的叙述,缺乏研究。

(6) 认知叙事文体学研究

主体在对以往体验或事件的叙述过程中,通过人称、否定、情态等语篇标识(Signpost)、立场标记语或语用标记语,按照社会历史语境中的叙事规约、文类规约,以文类认知假定、认知期待、认知模式、认知框架,并以一定的叙事方式、策略重构叙事结构,从而对特殊的主题意义、思维风格、文体风格加以宏观建构,揭示"话语共同体"所建构的国家身份、国家形象(Li Juan,2009;文秋芳,2017),形成话语共同体研究的认知叙事学视角,这一视角与微观的文体特征研究互文补充、互为参照、互为验证,目前较为新颖(赵凡,2016;曹青,2016),成为文体学研究的重要分析工具。

3.2.2 修辞学研究

(1) 经典修辞学派

文体学源于经典修辞学,可以追溯到亚里士多德的《论修辞》和古罗马德米特里厄斯的《论文体》,他们提出演讲体裁的四步说和五步说,包括引言、问题提出、问题叙述、观点阐释和结尾构成的修辞结构。亚里士多德还提出悲剧的修辞结构,由情节、人物、语言、思想、音乐和场景构成,通过这些因素的作用,形成同情和忧伤的修辞效果(Coe,1994:157)。于是,修辞者通过体裁结构中的修辞选择,诉诸理性、诉诸情感和诉诸道德(张德禄、贾晓庆、雷茜,2015:6),达到说服听众的文体修辞效果。因此,修辞被认为是劝说的艺术。通过劝说,使得成员认同共同的群体价值,学得共同体文体,形成群体身份认同。

(2) ESP/EAP 修辞学派

把辩论的语步分析应用于 ESP/EAP,关注语篇的语步(Moves)、步骤(Steps)和文体风格研究(Swales,1990;张德禄、贾晓庆、雷茜,2015:4-7),形成 ESP/EAP 修辞学派。采用语步的学术空间模式 CARS(Create a Research Space Model)(Swales,1990),研究学术写作、文学文本,研究学习共同体、学术话语共同体的文体、身份和关系(如师生关系)。CARS 包括必选语步和可选语步,必选语步如引言、研究设计、结果与讨论,可选语步如文献回顾,有的论文往往把文献回顾归入到引言部分,而在引言(Introduction Move)中又包括领域确立(Establishing a Territory)、中心诉求(Claiming Centrality)、已有研究文献回顾(Reviewing Items of Previous Research)和主题概括(Making Topic Generalization)。研究者在这种文体建构中,建构了引导者、介绍者、总结者、设计者、描述者、讨论者等身份,与读者共同构成学术共同体。

修辞学派对论辩话语、文学语篇的语步结构做出了语篇修辞和人际修辞研究,提出语步结构的学术空间模式,作者通过语篇组织和态度评价,与读者发生情感认知互动,达到诉诸理性、情感和人品的修辞效果。但该修辞学派主要从作者、发话者角度出发,通过劝说实现修辞效果,缺乏与听众的互动和读者的接受效果考量。研究的对象主要是学术话语和学术共同体,采用的语步分类主要依靠学术直觉。同时,话语空间的语步结构、论点阐述与论证,以及学术共同体建构,往往通过读者的认同建构,需要新修辞学研究。

(3) 新修辞学派

伯克(1998)把亚里士多德的悲剧修辞结构和策略拓展到议会、文学等领域以外的社会语境,认为文体内嵌于社会机构、共同体行为中,体裁是社会结构和社会行为的构成形式(Miller,1994:61),是某一机构语境中的动态的社会行为类型,并提出场景、行动者、行动、手段和目的戏剧五要素分析的社会戏剧模式(Burke,1950),其中修辞特征的突出使用,产生"同一"的文体效果,实现修辞动机、目的,以同一求同体形成。

"同一"修辞策略是新修辞学派对古典修辞"劝说"策略的继承与发展。劝说偏向于修辞者,而"同一"是听者与修辞者达成的共识,"劝说"是起点,"同一"是目的。新修辞观中的共情认同、对立认同和形象投射误同策略,与古典论辩结构中的情感诉诸、理性诉诸和人品诉诸相对应。话语主体在对话中形成情感共鸣,在对共同对象的否定中形成对立认同,在把自我向英雄形象的投射中形成误同。与古典修辞相比,新修辞观更关注体裁所处的话语集团成员的身份和价值认同,认同是对同质体(Consubstantiality)特征的认同,形成你中有我、我中有你的共同体。

戏剧隐喻图式中,场景、行动者、行动、手段与目的五要素构成言语事件,事件中的任何要素的偏离使用,质和量的偏离,转指目的。质包括时空场景的几何质、行动者情感和价值的家属质以及方向质(行动方向的一致或背离,积极或消极),通过转喻方式,在合作原则作用下突显出"诱发合作"的修辞动机,形成"前景化"的主题,产生同一效果。"同一"是修辞者的话语与听者的认知语境发生关联后,以最小的认知努力获得最大修辞效果的同一,即同情同一、对立同一和无意识同一的修辞效果。

新修辞学戏剧主义五位一体分析范式和三同一效果,为语用学的合作原则和语用效果提供了更为精细的工具,也为语用文体学的文体特征、文体机理和文体效果提供了清晰的分析。

新修辞学采用《动机语法》的戏剧主义分析法,从相似形式(或结构)出现的频率分析修辞动机和功能。但是,行动从及物过程上可进一步分为物质、行为、心理、言语等方面(Halliday,1999:128-149),可结合功能文体学内容进行范式的细化。

3.3 共同体构建的文体修辞策略

话语策略是为实现话语目标(如共同体目标),对影响言语行为的因素做出预测和调整而采取的话语计划、话语方式,是话语目标与手段的结合(Wodak,2009:31;Fairclough,2009:174),重点关注话语议程、政策推动的方式(Means),包括微观的文体修辞特征形成策略和宏观的叙事策略等等。

(1) 微观的文体修辞特征形成策略。为建构共同体身份等目标,修辞者使用从语音、语码转换、词汇语法结构、情态语气和评价,以及方言、谚语等语篇互文性方式(Labov,2015;Juan Li,2009;陈建平,2017;陈新仁,李梦欣,2016),聚焦微观的文体特征和概念语义、人际评价、语体风格形成的功能认同策略,如概念隐喻、人际隐喻和语篇隐喻的使用,形成文体隐喻,构成文体的功能修辞策略(张德禄,孙仕光,2015;林予婷,苗兴伟,2016)。使用隐喻、架构等形成共情认同、对立认同和投射误同等认知修辞策略。以及话语交际中的指示、预设、间接言语行为、合作、关联、礼貌、顺因等语用修辞策略(Leech,1983)。指称转喻的使用,如第一人称"We"可细化为"I+You+She/He"等形式,是 We 的转喻形式,也是转喻认知策略。这些指示标识,以事件参与者角色表达作者情感、道德观、价值观,往往和言语转述动词、情态相结合(如 We believe),第一人称指示语的群内肯定认同和群外否定排斥,形成内在评议(Labov,1972;Black,2014),显示话语参与者之间的差异,体现了多个参与者的多语性(Hetroglossia)、多声性、对话性(Dialogism)(巴赫金,1998a:451)。多声的语场混杂了不同声音来源、不同观点话语以及作者/言者所期待的话语,作者/言者邀请读者/听者参与话语协商,支持或反对某种观点,构成叙事结构中的评价策略。

(2) 宏观的叙事策略。文体结构的使用形成宏观策略,有批评叙事分析(Critical Narrative Analysis, CNA)的"归一化叙述"(Normalization Narrative)和"疏远化叙述"(Estrangement Narrative)的宏观叙事策略(Mega-narratives Strategies)前者包括委婉化、自然化和合理化策略(Strategies of

Euphemization, Naturalization, Justification),如和平合法化的历史元叙事策略;后者包括距离化、拟人化(拟物化)策略(Strategies of Distancing, Impersonification)(Gavriely-Nuri,2018:120,125,129),如战争机械隐喻,移去了人的责任,而"人类命运共同体"赋予了机构以人的生命、信仰、观念、人性。叙事策略包括叙事方式、叙事视角,如第一人称叙事的使用,是叙事视点中的"内聚焦"方式。还有从广义文本形式——文化话语和文化语境中研究共同体语体建构、解构、转换和平衡的同化、异化策略(Strategies of Assimilation; Strategies of Dissimilation)(Wodak,2018:409,2009:33-34;Capone, Kiefer & Piparo,2016:93),如从历史、现状和未来语境中研究民族身份建构(Wodak,2005:18-54)。

话语策略使用了系统功能语言学、语用学、认知语言学、修辞学和人种学等工具(Flowerdew & Richardson,2018),提出了微观和宏观建构策略的文化变量和方法,和广义的文化话语策略形成了一个连续整体。话语沉浸于社会历史文化语境中。而对言语社团特征的话语言说,"话语共同体"的建构,需遵循一定的社团规则,形成价值观、信仰、伦理认同,需熟悉文化历史、文化记忆,话语文体、风格,符合共同体身份,构成共同体文化框架(Cultural Scripts),也是"话语共同体"建构策略(Flowerdew & Richardson,2018)。

"话语共同体"建构策略多样、繁复,而通过文体的批评叙事分析视角,特别是互文式叙事策略,从微观和宏观上把认知策略、修辞策略、语用策略和跨文化交际策略融会贯通,形成文体效果,即认知效果、修辞效果、语用效果,建构共同体目标和身份,为"人类命运共同体"建构提供重要范式。在具体的实施策略中,互文性策略,特别是转述、人物思维(行为)的叙事再现,转叙、转思、转喻(隐喻)互文性等后现代认知叙事建构策略,以及其中的评价策略,包括内在评议、外在评议,都缺乏研究。

以上"共同体"的话语文体学研究路径具有多样性,在话语与"共同体"的辩证—关系路径、话语—历史路径和社会—认知路径中,互文性策略、认同策略成为"话语共同体"研究的重要内容。互文性研究互文来源,追溯文本生产者所在的社会文化语境,其生产的话语都是由各种语篇吸收和改写组合而来。互文性中的内嵌、预设、指示、转述(言语行为)等语篇构成关系和话语策略,为语用学研究重要内容。对会话原则的违反,形成文体在质、量、方式、关系上的"偏离""突出";对关联原则的违反构成心理"突出""前景化"形成语用效果(文体效果);对礼貌原则的违反,对话语秩序的颠覆构成权势、身份、地位、价值观和社会秩序的挑战。这些会话原则的"偏离"、心理"突出",形成日常会话体特征,并可以解释实用文体话语(如外交话语、经济话语、政治话语、媒体话语)。文学文体的构成,如经典叙事结构的指向、回应语篇标识(时间、地点、人称),后现代语篇互文性构成的转述言语(行为)、思维行为动词的"偏离"使用、心理"突出",形成"前景化"的文学文体,指示、言语行为是语用学的重要内容,语用文体学(Burke,2014;Black,2014),把话语特征形成从语义、语法、语篇层面,拓展到语用交际范围,对质、量、关联等语用原则的"偏离"、心理"突出",形成日常会话体、实用文体和文学文体,因而语用文体学可以成为"话语共同体"的研究基础,语用策略(如回应)也是新修辞学派中的身份认同策略,为"话语共同体"六大内容和特征之一。

本章小结

在"话语共同体"的目标、交流渠道、机制、文体、词汇语法和主体身份六方面具体内容中,文体是共同体话语研究的重点和基础。文体学路径的功能文体学、认知文体学、语用文体学、批评文体学研究,修辞学路径的经典学派、ESP(EAP)学派和认同研究,分别从微观的词汇语法使用和修辞特征,以及宏观的语篇修辞结构,以隐喻、言语行为转喻、转述等微观的文体修辞策略,以及转叙、委婉化、自然化、合理化和宏观修辞叙事策略,研究了共同体的构建,从最初的学习共同体、学术共同体,拓展到政治、经济共同体;从师生共同体拓展到民族共同体,乃至于"人类命运共同体"。但是,要研究不同文化语境下共同的语体或文体,就要基于共同的话语,即从元话语(Metadiscourse)和元功能入手,找到话语互动、多元文化交际的建构性元模式(Constitutive Model)(Craig,1999,2015)。

第四章　话语共同体文体修辞研究的元话语模式

元话语是文体特征和文体效果的重要体现。本章从元话语的系统功能模式、反身性模式、语用认知模式和修辞模式,对元话语的概念、类型和功能做出理论梳理和比较,在此基础上,从元话语文体的功能、语用和修辞方面,对话语共同体构建做出分析。

4.1　文体修辞的元话语研究

"话语共同体"是有共同目标的主体,通过专用词汇和特定体裁,由相互的交流机制和渠道组成的团体,而文体在话语实践和共同体实践中起着中介的作用。文体是形式、内容和效果的共振,突出外在形式的特征、风格,在这方面,元话语是很好的体现。元话语不构成命题内容,是对命题的组织、态度评价和美学鉴赏,是文体特征和文体效果的重要体现。目前学界主要从系统功能语法和反身性,研究元话语的特征,研究它的概念、语篇组织和人际功能,研究主体意识、主观性、主体间性,对学术话语、新闻话语等各语域共同的文体进行了研究,但在分类、功能、语言边界界定、识别方面存在争议和困难,三大功能的离散分析存在整体性和系统性问题,需从三大元功能结合的文体层面加以研究。反身性模式的当前"语篇世界",需结合"文本世界"和亚世界构造语进行研究。

4.2　元话语

元话语这一术语由 Harris 于 1959 年首次提出,是作者或说话者引导受话者对文本感知的语言(Hyland, 2005:3)。20 世纪 80 年代以来,学者们结合话语学与语言哲学、社会语言学、认知语言学、修辞学、文体学等等,对元话语的理论基础、定义、特性、类型、模式、功能进行了研究,并对学术、新闻等多文体、多模态中的元话语做出了跨语言、跨文化对比研究(Kopple,1985;Crismore,1989;Mauranen,1993;Hyland,1998;Hyland & Tse,2004;Adel,2006;Hyland,2017),这些研究对于了解各种语体的本质特征、独特语言风格,把握语篇生成的认知过程、功能,培养阅读、写作以及演讲论辩中的元话语意识,提供了方法和途径借鉴。目前,学者们对于元话语的交际互动性、主体性和主体间性达成了共识,但在定义、分类、边界界定、功能、形式与功能匹配方面存在争议,给我们提供了反思和进一步探讨的空间。

4.2.1 理论基础

20世纪以来,随着哲学与语言学的结合,语言哲学为话语学和元话语研究提供了理论基础,主要分为欧陆学派的社会化研究和英美学派的形式化分析。欧陆学派从主体与客体互动关系的认识到主体—客体—主体的互动转变(Heidegger),形成了人与人之间通过客观世界发生互动关系的认识,即主体间性关系。话语理论上,体现为对话主义话语观。社会语境中的话语互动被巴赫金认为是语言真正的现实,主体通过话语所反映的客观世界,表达立场和意图,任何话语都是主体在与他人的社会互动中进行,是在对已有基本话语的继承中,做出肯定、否定、补充、修改、评价,引导受话者理解语篇意义、做出回应,【话主(作者)的意向和立场】——【话题】——【话主(读者)对他人话语的评价与回应】这一互动过程,构成了巴赫金的对话论思想内涵,体现了话语的主体间性。受巴赫金关于话语的社会互动论、社会主体间性观影响,韩礼德从社会符号学出发,提出了语言的三大元功能,基于词汇语法、篇章构成、情态语气所构成的概念、语篇和人际三大元功能,把元话语分为篇章元话语(Text Metadiscourse)、人际元话语(Interpersonal Metadiscourse)(Williams,1981;Kopple,1985,1988;Crisomore,1993;Mao,1993),形成系统功能语法启发模式(SFG-inspired Model,简称系统功能模式)。

Ädel(2006)则从哲学的主体间性出发,提出了反身性模式,把作者对读者的语篇引导、人际互动,拓展到作者导向的、读者导向的和参与者导向的元话语,强调元话语主体间交互的双向性、平等性,是当前读者通过当前语篇世界与当前作者发生的互动,涉及主体介入当前语篇世界的情感、判断和鉴赏,这些态度评价涉及多声性介入和评价系统(Martin, 2010)。当前主体介入当前语篇世界,在文本的指示亚世界、否定亚世界、认识亚世界和态度亚世界中进行转化,构建当前话语世界。发话者用如"I think, I believe, I promise, I insist, I hope"等言语(思维)行为施为语(心理空间构件)明示受话者概念空间关系,引导受话者进行空间整合,在信仰、愿望和目的构成的态度亚世界中做出语篇关联推理、评价,涉及词汇语法、认知、社会等各层面的语用功能,是语用综观论视角。

英美分析哲学学派的代表奥斯汀(Austin)、舍尔(Searle)等认为,说话就是做事,语言的意义在于主体对言语的交际使用,主体在语用修辞语境中,使用指示、预设、言语行为等进行交际,交际中受篇章修辞和人际修辞原则制约,需遵循清晰、经济、合作、关联、礼貌等语用修辞原则。交际中除了用直接言语行为外,还使用言语行为转喻(转述)等间接言语行为加以隐性表达,这些修辞性元话语在认知语用原则制约下,触发、组织、引导基本话语并与基本话语转喻式共现,对基本话语进行编码、组织和操控,从而以最小的认知努力与语境发生最大的关联,产生最大的心理反应,形成理性、情感和人品诉求,达到对立同一、同情同一和无意识同一的语用修辞效果,形成元话语的认知语用修辞视角,把元话语研究从系统功能语法层面拓展到语用修辞层面。

以上互动模式和语用交际模式都关注主体间的交互,强调平等的主体关系和话语共同体建构,但互动的话语世界不同。系统功能模式互动的是词汇语法构成的语篇,反身性模式互动的是当前语篇世界,语用交际模式互动的是指示、言语行为。

话语交际被哈贝马斯(Habermas, 2001)看作是社会交往行为。在评价社会互动功能和交际原则基础上,哈贝马斯把功能模式与语用交际模式相结合,形成社会交往模式。哈贝马斯认为,要使交往有效进行,主体需遵循可理解性、真实性、真诚性、正当性四大社会原则。从社会交往中,作者使用篇章元话语中的概念注释语、框架标记语和逻辑关系语引导读者理解语篇,用言据性和内指标记语、情态(强调语、模糊语)和态度标记语、自称语和介入标记语(王强,成晓光 2016:59-61),传递话语交往的真实性、真诚性,引起受话者情感共鸣,产生心理反应,介入个性、人品的社会评价(社会原则)和美学鉴赏(美学原则)体现恰当性。从社会交往原则反观系统功能模式和反身性模式,强调作者导向、读者导向和参与者导向的互动元话语,从读者对文本的理解,以及对真实性、真诚性、正当性做出评价的评价语,遵循了社会原则。从语用交际模式看,可理解性言语行为需遵循合作原则中的关系准则,需符合逻辑关系,而其他三特性需遵循量(正当性)、质准则(真实性)和方式准则(真诚性)。

4.2.2 定义

Williams(1981:211)首次把元话语定义为"关于话语的话语,包括所有不涉及话题内容的成分"。不同于表达语义命题的基本话语,元话语不是直陈信息,而是作者为了引导读者的一种直接或隐含的介入方式(Crismore,1984),它不增加命题内容,而是帮助读者对概念和语篇信息进行阐释、分类、组织、评价和做出反应的机制(Kopple,1985:83)。以上定义聚焦于元话语与基本话语的语义命题与语篇信息结构对比上,而互动性是元话语的根本属性,需从人际互动角度出发加以界定,于是元话语被认为是"作者(或言者)在语篇中以协商、互动的口气表露观点,并调动读者(或听者)进入角色的那些反思式表达的总括性术语","包括语篇衔接、人际特征的混合系列,是帮助读者以其偏爱的方式组织、解释材料,涉及特有话语共同体的理解和价值观"(Hyland, Tse, 2004:157),以上定义参照系统功能语言学的语篇功能和人际功能,各有偏重,都否认元话语对命题信息的增减,但实际上,元话语并非完全与命题无关,如文本交互型元话语中的明显强调语"obviously, evidently, clearly"以及表"传闻"的"allegedly, reportedly, admittedly"等词都跟命题信息的真值有关,在定义与分类上不能与基本话语的概念功能隔离,不只是"关于话语的话语"。

4.2.3 特征

(1) 整体性、系统性。元话语具有三大元功能的特性,以及三大元功能构成的整体性、系统性。元话语可以编码概念,在及物系统中,以客观物理(生理)世界的物质过程、行为过程、存在过程、关系过程,心理世界的心理过程和言语过程中表达经验和逻辑语义关系,构造出概念,组织语篇,表达对语义真值的信仰、愿望和目的,构造一种态度、人际评价。三大元功能通过投射,从物理世界映射到心理世界、社会世界,构成一整体系统(Halliday,2006:137)。因此,文本交互型元话语也具有人际互动功能,人际互动型元话语也具有语篇组织功能。

(2) 互动性。文本交互型元话语也具有互动性,这类元话语是作者为了引导读者理解信息而进行的概念注释、语篇组织,体现语篇语义功能,同时具有间接人际交互功能,如表达句子间否定、转折、让步语义逻辑关系的"not, rather than""but, yet, although"往往介入两种不同的声音,是一种声音对另一种声音的否定(deny)、反驳(counter),构成否认或弃言(disclaim),引导读者对话语做出反期待(counter-expect);而"because, thus""to conclude"等引导的是一种期待,为肯定、同意或赞同某种观点提供证据,是一种宣言(proclaim),弃言和宣言形成对话空间的收缩或反转。"because, thus"除了表达客观因果关系外,如"The water freezes because the temperature is very low",往往是主体的观念,如"The temperature is very low because the water freezes",水结冰只是主体对气温低提供的一种证据,一种主观判断,一种可能性,一种个体信念,存在于态度亚世界,可视为态度评价语。而像"in addition, and""Namely/e. g. /such as / in other words"这些对概念解释的词,是对话语的引发(entertain),证据语"according to X /(Y, 1990) /Z states"、内指语"_X noted above/see Fig1 / in section 2"摘引(attribute)他人话语或自我话语的引用,引发和摘引形成话语空间的拓展,形成对话互动。

话语空间的收缩和拓展是主体介入态度和对话协商的互动过程,互动性是语言真正的基本现实(巴赫金,1998:447),也是元话语的根本属性(Hyland, 2017:20),体现为主体性和主体间性。主体性表现为主体视角、情感和评判。视角上的"内聚焦"方式,通过第一人称指称自我,将自己确立为主体,标示作者的存在意识,表达自己的态度(如 my opinion),体现出主体性;如果从双方"we"或对方"you"(I 的隐退)认知自我,就体现作者的反身性(reflexive),于是,作者认知为话语群体所共知,体现为交互主体性(主体间性)。第三人称(如 he)的旁观者视角,或者参与者的隐去,形成"外聚焦"视角。表情感或评判元话语(如 hopefully)采用的是"零视角",视角转换构成主体间话语空间的收缩、拓展,形成互动性。

(3) 显隐性。要引导读者理解作者的概念、语篇和态度,元话语的标识需清晰,但清晰性或显隐性具有级差(Ädel, 2006:176),可以通过语势的扬升或降抑、聚焦的模糊或明显体现。语势可以用模糊语或强调语调节(如表可能的 might, may, must),聚焦可以通过内外视角实施,具体使用转喻、隐喻方式表达,以指称转喻或作者转喻方式进行(日奈特,2013:8),如以可能性的评注性元话语,使用的是无人称的"零聚焦"视角,隐去了主体(I, you),通过情态副词(如 probably, perhaps)的隐性方式(Halliday, 1994:358;2006:141),转指主体的判断。同样的命题也可使用第一人称"内聚焦"视角,以显性主观方式(I/we think that…),从作为作者的"我(我们)"引导读者的"你(你们)"一起进入当前话语世界,使作者和读者以参与者角色进行对话。也可用第三人称"外聚焦"视角,用显性客观方式表达(It is likely that…)。这样,通过指称转喻,和情态一起,形成了内外聚焦的模糊或明显。

元话语是作者引导读者理解概念、组织语篇和介入态度协商的语用行为,无论是话语的互动性还是显隐性,都离不开交际中的语用性和修辞性(Hyland, 2018:20),离不开语用标记语的使用,包括指示语(Anaphoric Markers)、关联语(Transitionors)、阐述(时序如叙述 firstly,转述如 evidential,换述如 namely,详述如 for example)、指令(Engagement Markers:consider, note that)、承诺(I promise, I agree)等言语行为。言语行为可以是直接的显性的,也可以是的间接的隐性的,如阐述方式上可以是主体隐性介入(possibly, usually),也可以是显性介入(I think that…, It is clear that…),用言语行为转喻的语用修辞方式,说服读者达到观点同一,从而建立同体关系。

认知语用上,言语行为,如阐述类的宣言(Proclaim)通过断言、同意某一观点而排斥其他观点。弃言(Disclaim)由否认、否定和反驳,表明不相信某种观点、持有不同愿望或不同目的,或者对观点加以修正,关闭了现有的概念心理空间,从心理主体变为意识主体(Intentional Agent),从而把对概念的解释和命题的组织提升到了观念层面,从认识亚世界进入态度亚世界,如"I can't agree with any more that this villa is worth buying""I disagree with you anymore that this villa is worth buying"。由肯定、否定这种最直接、最显性的言语方式介入观点。相对而言,引发和摘引通过他人视角,用言语行为转述间接投射自我观点。因此,这些话语的否认、宣言、引发和摘引,违反了合作原则中的方式准则、关系准则,读者要达到与作者的认知协作(Cognitive Coordination)(Verhagen, 2014:2-7),需比肯定句付出更多的认知努力,在话语的收缩、拓展、竞争或合作中形成语用平衡。人际互动型元话语中,模糊限制语(如 possible)、明显强调语(如 definitely)表示对命题判断的可信度,符合质的准则;介入语(如 consider the following example)可对概念解释提供足够信息,符合量的准则;表态度的副词(如 unfortunately)对语篇结构的关系做出对比,符合关系的准则,在合作中形成同一、认同,构建话语共同体。

4.2.4 分类

分类基于不同学科的理论基础和模式,目前较为普遍认同的是基于系统功能语法和反身性分类模型。

(1) 系统功能语法分类

从基本话语的概念、语篇和人际三大元功能出发,把元话语与基本话语区别开来,认为元话语是概念功能之外的元功能,因此在分类上形成了基于语篇、人际功能的语篇/人际两分法,分为篇章元话语(Textual Metadiscourse)和人际元话语(Interpersonal Metadiscourse)(Kopple,1985:83-87,1988:236-239;Mauranen,1993),这种分类显然破坏了元功能的整体性,没有凸显互动的根本属性,而"所有元话语都是人际的,要考虑读者的知识、文本体验和加工需要"(Hyland & Tse,2004:161)。因此,对应于以上两种类型,从人际元功能出发,借用 Thomson(2001)的术语,元话语被修正为文本交互型(Interactive Metadiscourse)和人际互动型(Interactional Metadiscourse)(Hyland & Tse,2004:169)。人际互动型是作者对想象读者传达命题的判断、态度和评价,包括模糊语、强调语、态度语、自我提及语和介入语。文本交互型是作者为了引导读者理解语篇结构的互动方式,包括框架语、逻辑关联语、内指语、证据语和语码注释语。这种划分,虽然强调元话语的互动性本质,体现了系统性、整体性,但对于文本交互式的互动性基础缺乏解释,两分法仍然存在相互隔离之疑。虽然强调人际互动,但突出的是作者对读者的作用,总体上为作者导向的,如作者的自我提及,或者是"我"与想象的"你"的互动(如介入语 you can see that),而在文本交互型中,主体往往隐退,如框架语、逻辑过渡语、证据语(如 firstly, however, according to…)。海兰德的元话语十个次类细分,对文本交互型中的概念注释语、逻辑关联语和框架语的关系过程缺乏解释,缺乏系统功能的详解,如及物系统和过程的解释(物质过程、行为过程、存在过程、关系过程、心理过程、言语过程)。把人际互动型分成模糊语、强调语、态度标记语、介入标记语和自我提及,似乎是从语气、情态加以区分,但没有心理过程的解释,所以会互相交叉、重叠

(强调语也可表达评价),而且缺乏系统性、连续性(Hyland,2017:18-19)。从人际功能的情态和语气发展而来的评价系统(马丁,2010;White,2011),从介入方式(自言/借言,扩展/收缩)、态度内容(情感、判断、鉴赏)、级差(语势的扬升或降抑、聚焦的明显或模糊)提出三大子系统,更为清晰、系统,可以作为分类依据。

(2)反身性分类

话语包括文本和主体等语境,因此,元话语就涉及元文本(关于文本的文本),以及表达主体的主体(当前主体)。在当前语境中,当前作者(言者)对命题内容的组织、分类、解释、评价,作者(言者)引导想象读者/听者对当前话语做出语篇认知,形成心理反应,实现人际互动(Ädel,2006:184)。Ädel进一步强调互动模式中主体的存在意识,特别是读者存在意识。作者可以通过指称"自我"将自己确立为主体,和作为读者的"你"进行对话;或者用指向双方的"我们",引导读者进入事件中,以参与者角色进行对话。从读者的视角,关注想象读者在文本中的存在,把读者对语篇组织和文本的引导拓展到主体的反身意识(Reflexivility),包括对文本的反身意识(Text Reflexivity)、作者与读者关系的意识,反射作者的情感、判断和态度,形成反身性分类基础。反身性从主体的视角介入,进行概念编码、语篇组织,介入情感、判断,对命题做出评价(Crismore,1989:92),引导读者(受话者)进行视角融合,做出恰当理解,体现作者及其对读者、文本的存在意识;主体之间的互动、主体与文本之间的互动意识,体现话语主体性和主体间性,是当前作者经由当前"文本世界"与当前读者发生认知、情感和评判互动的动态过程,形成元话语构成的反身性意识、语篇世界、当前语篇、当前作者(和当前读者)四原则。

反身性分类原则为元话语次类的划分提出了标准,可形成元话语构成的层级性。从主体的指涉对象(I,you,we)出发,进一步可把文本交互型和人际互动型元话语分为作者导向的、读者导向的、参与者导向的以及文本导向的(无主体导向的或拟人隐喻式导向的)元话语,强调读者与作者间的平等互动和双向互动过程,体现出主体性和主体间性。反身性分类或主体性分类是从主体对文本的意识拓展到主体交互的意识,是对海兰德分类的进一步细化,如当前作者包括隐含作者、文本事件中的参与者,当前读者分为想象读者、事件参与者,主体之间的转换,构成作者转喻(日奈特,2013:8)。

反身性分类的四大原则中,"语篇世界"包括指示亚世界、否定亚世界、认识亚世界和态度亚世界,但对于"文本世界"中的概念编码、语篇组织和态度构造没有细分。亚世界间的过渡、转换由指示亚世界构造语实现,这就涉及主体的认知文体意识。指称与认识、态度亚世界构造语的临近转喻式共现,才能体现当下作者、当前读者、参与者的分类和功能,涉及指称隐喻、情态隐喻等。作者在话语互动中,通过这些修辞手段达到诉诸理性、诉诸情感和诉诸人品,展现形象,说服听众,实现劝说的修辞功能,达到与读者的同一,因此存在底层的修辞作用,是基于修辞使用的语类模型,一种文体工具(Stylistic Device)(Hyland,2013:88),这就涉及语用修辞。主体通过语用修辞,达到理性、情感和伦理认同,建立"修辞共同体",进而建构具有共同目标、共同价值观、共同身份的"话语共同体"。在不同语境的语体中,元话语表现出不同的文体特征,如在新闻语篇中,表"言据"等元话语突出使用;在学术语篇中,可能就是文本交互型元话语为主导;在外交语篇中,是人际元话语为基础,在论辩中诉诸理性、情感和人品,达到说服的修辞目的,因此,以三大元功能的定义和分类存在文体的偏向,反身意识表现为文体意识。

对于元话语分类的边界界定、文体特性和反身意识,具有语境依存性,受制于语场、语旨和语式构成的情景语境。虽然可以用词汇、句法、篇章结构表达,但形式与功能并非一一匹配。在词汇句法层面,元话语往往用隐喻式表达,如表可能(probably)的模糊限制语可以是显性主观(I think…)、显性客观(It's likely that…)的隐喻式表达,语法结构上需和其他形式转喻式邻近共现才能识别出是表达评价、态度还是判断;在语篇层面,作者引导读者参与对比、因果等修辞结构的理解,以及达到表情、评价等人际劝说目的。作者需选择适当的修辞方式,做出修辞明示(Rhetorical Manifestation),用于组织话语和表达语用含义(Hyland,2017:18-19),达到诉诸理性、情感和人品的修辞效果,因此,元话语存在于修辞语境中,元话语的反身意识表现出修辞意识(Rhetorical Awareness),它的分类是语用修辞的(Hyland,Jiang,2018:19-20)。因此,元话语的分类需从语法层面上升到语用层面,从篇章修辞和人际修辞(Leech,1983),从语体的语用修辞、修辞效果上做出分类和解释。

4.3 元话语模式

话语学结合哲学、社会学、商谈伦理学等其他学科,从语义、语法、语篇以及语用各层面对元话语做出了研究,建立了系统功能语法模式(以下简称系统功能模式)、反身性模式、语用认知模式和修辞模式。

4.3.1 系统功能模式

(1) SFG 模式

依据韩礼德系统功能语法的三大元功能,把元话语分为篇章元话语、人际元话语,构成系统功能语法启发模式,分为篇章模式和互动模式。篇章模式对应于语篇衔接与连贯方式,彰显命题信息的编码、语篇结构的组织,把人际关系排除在外,且限于文本内指关系,即内部篇章元话语(Intra-textual Metadiscourse),属狭义模式(Mauranen,1993;Schiffrin,1980)。互动模式从人际功能的语气、情态以及评价出发,作者通过文本中的元话语介入情感、态度,与读者发生互动,建立人际关系(Williams,1981;Kopple,1985,1988;Crosmore,1989,1993;Mao,1993)。

以上模式从语篇功能和人际功能对元话语进行分类,对应于概念、语篇和人际功能,没有凸显其中的主体功能,割裂了三大元功能的整体性。为此,海兰德认为,"元话语是语篇中用来协商互动意义的具有反身性的语言表达,帮助作者或发话人表达观点,并且作为特定群体成员与读者进行互动"(Hyland,2005:37)。海兰德强调互动性是其根本特性,认为反身性指涉不仅指向语篇内部的主体、文本,也指向外部,包括了不同篇章间互文的外部篇章元话语(Inter-textual Metadiscourse)(Ifantidou,2005)。海兰德从读者、作者和文本互动出发,整合了人际功能与语篇功能,把互动模式做出改进,分为文本交互型与人际互动型(或引导式与互动式)。前者引导读者对命题意义编码和语篇的组织做出理解,后者体现主体间情感、态度的介入和交互,体现主体间互动关系,形成广义模式(Hyland,1998,2005),如表 4.1 所示。

表 4.1　Hyland & Tse(2004:169)的元话语分类、功能

类别			功能	示例
引导式（文本交互型）	注释语	理解概念	帮助读者掌握概念成分	namely, e.g., such as, in other words
	内指语		指向该篇章其他部分的信息，概念互现	noted above, see Fig 1, in section 2
	证据语		指向来自其他篇章的信息，概念互证	according to X, (Y 1990), Z states
	逻辑转换语	理解篇章结构	表达主句之间的语义逻辑关系	in addition, but, thus, and
	框架语		构成话语序列	to begin, firstly, secondly, finally, to conclude
互动式（人际互动型）	明显强调语	对命题的判断（语气、情态）	增强作者对命题的确定	in fact, definitely, it is clear that
	模糊限制语		减弱对命题的确定	might, perhaps, about, possible
	态度语	表达态度	表达作者对命题的情感、评判、鉴赏	surprisingly, unfortunately, I agree
	介入语	主体介入	唤起读者的感知，提醒注意视角，建立和读者的关系	consider, note that, you can see that
	提及语		指作者自己	I, we, my, our

　　SFG—inspired Model 基于语篇功能、人际功能或者两者结合的元功能，从词汇层面出发，把元话语规定为命题概念元功能之外的语言形式，是对命题进行语篇组织、解释、评价，是作者与读者之间进行互动的语言。虽然海兰德从人际互动功能出发，结合语篇功能和人际功能，把元话语分成引导式和互动式，意在把三大功能相融合，凸显人际的基础功能，但在分析时还是分成文本交互型、人际互动型，仍然为三大元功能的离散性分类和分析，缺乏三大功能的整合性。基于人际互动的模式意在突出人际元功能的根本属性，并把对命题的判断、态度和介入归为人际互动型，但是，对命题的概念理解、语篇组织归为引导式（文本交互型），仍然没有从人际互动出发，对语码注释语等语篇互动型元话语做出解释。而且，把元话语细分为十种，缺乏统一的体系，因而相互交叉，如提及语（we）和介入语（We can see that …）相互重叠；态度包括情感、判断和鉴赏（如

unfortunately, surprisingly),对命题可能性、盖然性判断的强调语、模糊语(如must, possibly),都属广义的情态和语气系统,而且存在级差。人际互动型元话语对命题的判断、态度评价构成的系统如何?为此,从人际功能的情态和语气拓展而来的评价系统,可以对元话语分类提供多声互动性模式。

(2) 评价模式

评价系统包括介入、态度和级差子系统。作者通过内言、外言介入篇内、篇外多种声音,邀请读者参与当前文本世界,引导读者一起建构概念、组织语篇,使读者对命题做出理解,激发情感反应,形成社会评判和美学鉴赏,达到理性、情感和意识形态同一的修辞效果。态度在级差上存在语势上的扬升或降抑,聚焦上的明显或模糊。评价系统可以把文本交互式的语篇框架语、语码注释语、逻辑关系语、内指语、证据语,人际互动式的提及、介入语、强调语、模糊语、态度标记语、评价语等元话语包括在内,构成完整统一的介入系统。

介入

元话语的分类中,特别是人际互动型元话语,是作者引导、邀请读者以当前读者、事件参与者角色加入当前话语世界中,对命题做出理解和态度评价的资源。介入是作者为了唤起读者的关注,从而与读者发生互动所使用的元话语,而当作者关注互动中的读者,或关注互动关系中的读者指向一方时(reader-oriented aspect),便构成介入(Hyland,2005:176; Hyland & Jiang,2016:29-30),介入使得交际双方以参与者角色进入言语事件中。指向读者的代词,与共享知识(语篇结构、情感、判断等)、指令、个人旁白(personal asides)和修辞问句一起(Hyland,2005:184),以自言和借言(他言)方式,介入对命题的判断和态度评价。

介入中最典型的是指向读者的第二人称代词"you"的使用(Hyland,2005),以及包括了"you"的"we",还有邀请读者"you"以参与者角色加入事件中的"I",包含了作者、隐含作者、叙述者、事件参与者、受述者、想象读者、读者的多种声音的介入,是多层次的信息交流和对话协商,有第一人称的叙述声音(自言)、第三人称的叙述声音(借言),以及无人称的其他叙述声音,形成 Bakhtin 所称的"多声"(heteroglossia)。

自言与借言

根据 Bakhtin 的话语多声性(heteroglossic)、对话性(dialogic)观点,声音源于作者自身的自言(monogloss)和外部多声的借言(heterogloss)(Martin,

2000；刘立华，2014：9），话语中介入了作者自身和他人各种观点（Martin，White，2005：97），包含了语篇内外的内言（intra-vocalise）和外言（extra-vocalise），由篇内互文性和篇外互文性构成。

　　介入语是作者明确唤起读者注意的方式，显示作者与读者互动的元话语（Hyland，2005：184），通过指称语，最典型的是第二人称代词，以及祈使句（指令）、修辞问句、插入语、共享知识（语篇结构、情感、判断），以及表情态的强调语、模糊语，表判断的思维/言语行为等，对语篇做出组织，对命题做出注释、评价，显示作者与读者的互动。

　　多声通过元话语介入自己话语或他人话语（基本话语）。根据语篇内外差异分成的内部元话语、外部元话语（Ifantidou，2005：1331），构成自言（内言）、借言（外言），前者指同一篇章内不同部分之间的所指，后者指不同篇章、不同作者之间的所指，或者同一作者不同时期的语篇的所指。内部元话语包括序列语、连接语、证实语（动词、副词如 clearly，小句如 I think）、表可能的情态（动词、副词）、态度语（如 frankly）。外部元话语主要是转述语和传闻语（动词、副词和介词）。

　　序列语被 Hyland & Tse(2004：169)分成框架语和内指语（如 noted above，below，following，next），表概念命题及逻辑关系的连接语被分为语码标注释语和逻辑关联语，体现概念元功能的经验功能和逻辑功能。表证实的元话语被分成证据语（如 according to，Z states）、强调语（如 clearly），与强调语和模糊语、态度语和介入语、提及语一起被称为人际互动元话语，而其他被称为篇章交互元话语。Hyland 的分类基于系统功能语法的人际互动，但是，介入从语气情态拓展而来，表介入语气和情态的强调语、模糊语有级差之分，是对命题可能性、盖然性的判断，存在显隐性，而当心理的判断、情感映射到社会域，形成对命题的社会判断，投射到美学领域，形成鉴赏，判断、情感和鉴赏一起，构成态度评价。

　　元话语的自言（内言）、借言（外言）的分类，基于多声互动，体现了话语互动的基础，解决了文本-互动两分法或篇章元话语和人际元话语分类的割裂问题。第一、第二人称的叙述，作者引导读者介入（提及语和介入语），而第三人称外言，更加客观，内聚焦形成话语收缩，外聚焦形成话语拓展，构成聚焦的明显或模糊。而无人称的副词、介词短语，主体退到台下，可以看成是外言或内言的隐性形式。

　　声音的介入借助作者对言语行为的表述、转述实现，按叙述者对话语的介入程度高低，分为直接引语、自由直接引语、间接引语、自由间接引语、叙述者言语

(思维行为表述)。

直接引语、自由直接引语构成他言(外言)来源。直接引语标有话语的作者来源和言语,自由直接引语没有言语动词,隐去了话语主体,为隐性外言。间接引语的话语内容也往往是叙事者归纳概括的结果,融入了叙述者的声音,所以,叙述者的参与度更高,但指示语变为远指,使用了第三人称,还是表现为外言;而自由间接引语是叙述者对话语做出了进一步加工,把叙述者和事件参与者的声音融合成复合话语(hybrid discourse),隐去了叙述者,为隐性自言;叙述者言语(思维)行为表述,往往用第一人称或自称语,用言语(思维)行为动词表示(Black,2014:65-70),属自言。

话语收缩与拓展

元话语的内外声音介入,引导话语空间的强化或反转、收缩或拓展作用。具体通过宣言(proclaim)或弃言(disclaim)实施命题编码、实证、判断,组织信息结构,对命题做出态度评价。

内外声音往往通过元话语,通过宣言(proclaim)或弃言(disclaim)引导话语空间的强化或反转,通过引发(entertain)或摘引(attribute)拓展话语空间。当作者引导读者介入文本时,如果是宣称(pronounce)、同意(concur)或赞同(endorse)某一观点,便形成宣言,如"We must agree that…, You can see that…, We can find the fact that…, I contend that…, I declare that…, We can conclude that…"(White,2005:112)。否认或反驳时,便形成弃言,宣言和弃言是极性相反的表达,形成话语空间的反转。

显隐性

作者往往用以上第一人称"内聚焦"视角显性介入话语空间,达到对相同话语空间的收缩、强化,对语篇主题做出宣告、进行论证、得出结论。宣言中更多的往往是无人称的"零聚焦"隐性介入视角,如框架语、语码注释语和逻辑关联语,以"firstly, secondly, last, in addition, namely, such as, in other words, because, and"等副词、介词短语形式,对概念命题做出解释,对语篇推进做出序列布置,对话语的递进、因果关系做出逻辑论证,引导读者期待,说服读者同意作者观点,或者使用"although, but"的弃言形式,通过否认(deny)、反驳(counter)不同观点,引导读者的反期待,从反面实施论证,反转了相反观点。表同意的"definitely, obviously, of course, naturally, not surprisingly, admittedly, certainly, really, indeed, in fact, actually"(Martin & White, 2005:122),它们以评判性副词形式强化判断,对话语空间收缩。介入也可以是以第三人称"外聚焦"视角,以显性客观方式介入命题证据,对主题通过论证,使得话语收缩,如表赞同的"the report show proves/demonstrate that…"。这些文本交互型元话语,通过介入视角的内外聚焦,在话语互动中,在作者与读者构成的话语空间的强化或相反话语空间的反转中,实施语篇架构、主题宣告、命题阐释、逻辑论证。

这些文本交互型元话语,通过内外声音的介入,在话语互动中,在作者与读者相同话语空间的强化或相反话语空间的反转中,在话语空间的收缩与拓展中,实施语篇架构、主题宣告、命题阐释、逻辑论证。这样,就从人际互动的评价层面,把文本交互型元话语归入介入方式中,对文本交互型元话语做出互动解释,体现了元话语的整体性、系统性、互动性。

基于多声介入的元话语分类

基于多声介入的元话语,按介入方式和显隐性方式,分类如表 4.2 所示:

表 4.2 基于多声介入的元话语分类

介入方式 (自言/借言)	元话语	显性主观	隐性主客观	显性客观
主体内外	提及语	第一人称(we, I, our, my, ours, mine)	无人称(副词、介词短语)	第三人称(it, they, sb., sth.)
自言:宣言/弃言(proclaim/disclaim) A:断言(pronounce) B:同意(concur) C:赞同(endorsement)	框架语		A: firstly, secondly, thirdly, finally, below, following, next, in short; really, indeed	A: It can be concluded that…
	语码注释语		A: in other words, that is, for example	
	逻辑关联语		A: in addition to, and, then, furthermore; because, due to, so, therefore; but, after all, nevertheless, although, in comparison with…	
	强调语	B: I affirm	B: apparently, obviously, clearly, evidently; naturally, of course	B: It is clear that…
	态度语	C: I agree	C: frankly(speaking), surprisingly, unfortunately	C: It is surprising that…

续表

介入方式（自言/借言）	元话语	显性主观	隐性主客观	显性客观
摘引	证据语	we can find/ prove/ demonstrate/ show/ point out	according to X reportedly, allegedly	the report show proves/demonstrate that…, They say/claim, Z Chomsky states…, Halliday argues…, It is said that…, It is reported that…, the report show proves/demonstrate that…
引发	模糊语	I feel, I think, we doubt/ estimate/ suppose, I believe	possibly, probably, presumably might, perhaps, may, could supposedly, seemingly	They doubt / believe that…, It is likely that…, It is supposed that…, It appears/seems that…, It is estimated, recommended, assumed that…, It is believed that…

从声音介入的主体内外、显隐性方面分，第一人称叙述声音（I, we）以作者、叙述者或事件人物角色显性介入对命题的感知、注意、判断、推断、假设、发现、确信、辩驳、意见、建议、得出结论（如 I feel, I think, I believe, I agree, I contend, I affirm, we can find, we can conclude that…），引导读者以参与者角色加入话语主题做出宣告、理解、论证、结论和态度协商中，当断言（pronounce）、同意（concur）、赞同（endorse）某一命题或观点时，便形成宣言，达到对相同声音话语空间的收缩、强化、聚焦，形成显性主观的声音。第一人称被海兰德称为自我提及语，第一人称代词和以上言语、思维行为动词共现，特别是言语行为转述或转思（如 I think, I believe, we suggest），当然，提及还包括自身的经历、重要历史事件、人物轶事、文献等等的提及。再进一步观察发现，元话语是发话者操作和控制基本话语的言语行为，具有在场特征，因而作为独立的话语层次，反映了作者对语言的动态自指（刘大为，2005）。正在发话的作者"我"，以单数第一人称发话，并且由一种自互文形式，通过元话语插入、证实、修正基本话语命题，明示话

语组织的方式,采用解述、换述、回述、插述、总述方式,从不同的角度对基本话语做进一步的解释,换一种说法加以阐明,说明话语的来源,做出总结,进行态度评价,形成当前作者通过当前语篇与当前读者的互动。

声音介入往往以第三人称外部元话语或借言方式(如 They say/claim, Chomsky states…;It is said that…, They believe/doubt/suggest; It is likely that…, It is estimated, recommended/suggested/assumed that…)摘引、引发外部声音,提供外部显性客观证据,凸显外部声音,属显性外言,表现为直接引语、间接引语等,使得话语空间向外拓展。

第二人称能直接唤起读者的关注,引导性最为显著(Hyland,2005),如唤起对方感知、认知的"you can see, you know",以及省略了代词的隐性形式"note, consider",即 Hyland 称作的介入语。

多声性介入模式从评价系统的介入,从人际互动层面,把文本交互型元话语归入介入方式中,对文本交互型元话语做出互动解释,体现了元话语的整体性、系统性、互动性。

个案分析

下面结合《携手构建合作共赢新伙伴,同心打造人类命运共同体》(习近平主席于二〇一五年九月二十八日在纽约联合国总部举行的第七十届联合国大会一般性辩论时的演讲),从元话语的多声介入做出分析共同体的话语构建。

演讲中使用自言(内言)式元话语的语码注释语(如"换句话说""也就是说""比如说""具体而言")、逻辑语(如"总而言之")、内指语("如上文所述")、证据语("我认为、我相信、我希望")、强调语("确切地说")、态度语(如"遗憾地告诉你"),使用借言(外言)式元话语的模糊语("可以说")、证据语("说"),即交互式和互动式元话语,篇章内外元话语(Ifantidou,2005;1331)。这些元话语都是带有言语行为、思维行为的动词,实际上是作者对前面命题概念的解释、补充、修正或证实。叙述者对前面话语进行了加工,把自己的声音和基本话语(如术语)的声音融合成复声,形成显性自言。叙述者也往往和听者退隐到一旁,以自由间接引语形式隐性插入作者对命题的解释、提供逻辑论证,为隐性自言形式,再现经验功能、逻辑功能,使得概念表达更为客观;或者叙述者以显隐性他言形式,做出思维行为表述,和听众进行命题的协商、做出概念判断、态度评价。

第四章　话语共同体文体修辞研究的元话语模式

自言

演讲者使用自言形式,用提及语、框架语、内指语、逻辑语形式等,对命题做出断言,同意、赞同观点,与听众构建出群体价值认同的"认知共同体"。

提及语

介入语中最典型的是以称呼语提及的形式唤起听众或读者的注意。演讲由5次"主席先生、各位同事"称呼语,指向作为听众的"你们",唤起听众的注意,使听众对主题和次主题进行思考(notice, consider),引导听众介入论辩语步和步骤结构,与听众进行互动,对应于Hyland的介入语。5次呼语构成起始语步、主体语步和结束语步,语步中包括一些步骤。起始语步包括两个步骤,第一步骤(1—3段)为导入与阐述,简要描述联合国70年前成立的背景,第二步骤(4—5段)为中国在世界反法西斯战争中的贡献以及对待历史的正确态度。主体语步包括两个步骤,第一步骤(6—18段)为问题提出与主题论证,提出联合国当前面临的重大问题,阐述治理当前重大问题的"中国方案",即同心协力打造人类命运共同体;第二步骤(19—23段)宣布中国为建设人类命运共同体所要承担的角色和计划开展的行动。结束语步为第24段,进一步呼吁联合国全体成员要为打造"人类命运共同体"而奋斗。5次称呼语按过去—现在—未来的时序结构,架构出语篇的语步和步骤。

除了以上称呼语,演讲中指称语出现的形式和频率依次为:我们(我)/23次(4次)、中国(人民)/26次、世界(人民)/19次、联合国/16次,各国(人民)/13次,人类/11次,大国/2次,小国/1次,国际社会/1次,大家/1次。

提及语中最突出的形式是第一人称"我们",以自我提及的元话语,向读者介入作者的声音,包含了作者和想象读者"你们",演讲者通过"我"邀请作为听众的"你们"一起加入事件中,形成两者间的互动。起始语步的第一步骤中(1—5段),连续用三个"我们的",使得在场的听众一起回顾过去70年我们的先辈取得的世界反法西斯战争的胜利、建立了联合国、确立了当代国际关系基本准则,结束了人类黑暗的历史,寄托人类新愿景,奠定了现代国际秩序基石,回顾中国为赢得世界反法西斯战争胜利做出了历史性贡献。在对过去人类、联合国和中国这段历史的总结后,提出对历史,我们要心怀敬畏、心怀良知。作为"建构人类命运共同体"事件参与者的"联合国、各国"被拟人化为经验活动的参与者(文秋芳,2017),通过我们的先辈—人类—联合国—中国—我们,把所有在场的"人类、联合国、中国"的命运,一起构成整个人类共同的命运。

主体语步的第一步骤中(6—8段),在回顾历史后,提出当下联合国需要深入思考的"世界和平与发展这一重大课题""世界格局正处在一个加快演变的历史性进程之中""当今世界,各国相互依存、休戚与共",提出包含联合国、世界各国在内的整个"人类"命题,即"打造人类命运共同体",为此,我们需要做出以下努力。

第6段中"联合国"被拟人化,见证了各国为守护和平、建设家园、谋求合作的探索和实践,为下面命题的提出提供历史证据。联合国像人一样,需要深入思考世界和平与发展这一重大课题,是作者对话语中人物思维行为的叙述。

9—18段中,通过"我们需要在伙伴关系、安全格局、发展前景、文明交流、生态体系五方面做出努力","我们"要求世界各国以参与者角色加入"打造人类命运共同体"行动中来,由叙述层进入事件层,使听众介入话语的最里层面进行对话互动。

主体的第二步骤(19—23段)是承诺中国未来在国际社会的角色和行动宣告:"中国将始终做世界和平的建设者、全球发展的贡献者、国际秩序的维护者。"

结束语步(第24段)在联合国迎来又一个10年之际,呼吁"同心打造人类命运共同体"。

隐性自言

作者隐退到一旁,以旁观者眼光审视话语,用框架语、语码注释语、逻辑语、内指语,即文本交互式元话语,隐性插入概念命题注释,对概念做出进一步解释、详述,引导读者对概念做出协商、交流、理解,通过强调语达到对概念的明确解释,对语篇结构组成组织。

逻辑关联语

使用因果、对比、条件、让步等逻辑关系语,对命题进行组织,加以因果论证,正反对比,假设论证,取消或排斥分歧立场。如[4]—[6]段:

[4]9月3日,中国人民同世界人民一道,隆重纪念了中国人民抗日战争暨世界反法西斯战争胜利70周年。作为东方主战场,中国付出了伤亡3500多万人的民族牺牲,抗击了日本军国主义主要兵力,**不仅**实现了国家和民族的救亡图存,**而且**有力支援了在欧洲和太平洋战场上的抵抗力量,为赢得世界反法西斯战争胜利做出了历史性贡献。

第四章 话语共同体文体修辞研究的元话语模式

[5]历史是一面镜子。以史为鉴,**才能**避免重蹈覆辙。对历史,我们要心怀敬畏、心怀良知。历史无法改变,**但**未来可以塑造。铭记历史,**不是**为了延续仇恨,**而是**要共同引以为戒。传承历史,**不是**为了纠结过去,**而是**要开创未来,让和平的薪火代代相传。

[6]**联合国走过了**70年风风雨雨,**见证了**各国为守护和平、建设家园、谋求合作的探索和实践。站在新的历史起点上,**联合国需要深入思考**如何在21世纪更好回答世界**和平与发展**这一重大课题。

第[4]段中的"不仅……而且"递增了中国对于和平的历史性贡献。第[5]段中的"才能"假设论证,"不是……而是"的对比,强调了传递和平,排斥了仇恨、开创未来的重要性。主体的隐去,逻辑论证更具客观性。

语码标注语

当作者和读者隐去时,为隐性自言式介入语。在意合的汉语中,语码注释语往往省略作者,使得概念注释显得客观,如第[8]段:

[8]"大道之行也,天下为公。"和平、发展、公平、正义、民主、自由,**是**全人类的共同价值,**也是**联合国的崇高目标。目标远未完成,我们仍须努力。当今世界,各国相互依存、休戚与共。我们要继承和弘扬联合国宪章的宗旨和原则,构建以合作共赢为核心的新型国际关系,打造人类命运共同体。为此,我们需要做出以下努力。

第[8]段中概念系统由物质过程(各国相互依存、休戚与共)、关系过程(是)构成的"人类命运共同体"概念内容,通过"是"揭示"人类命运共同体"这一命题中的"全人类的共同价值",即"和平、发展、公平、正义、民主、自由","也是"联合国的崇高目标,对"人类命运共同体"的目标做出解释,"各国相互依存、休戚与共"的共同命运,解释了具有共同目标、共同价值。基于联合国宪章的宗旨和原则、以合作共赢方式建立起来的具有新型国际关系的全人类社会,这样,由"全人类、联合国、各国"共同的目标、价值、原则、机制形成的群体,通过"我们"形成共同体内群体身份的"话语共同体"(Swales,1990),构成对"人类命运共同体"的命题解释。

第[8]段中的"为此,我们需要做出以下努力",用表因果的逻辑关联语标明命题间逻辑关系,表因果的"为此",为下文需做出的五方面努力提供因果的逻辑证据。

在对"人类命运共同体"的语码注释、证据提供和语篇结构组织中,作者并未出现,使用了自由间接引语,隐性自言地介入了中国的声音、中国元素"命运"(shared future),在其他声音的附和、支持下,通过对话协商,劝说各国人民认同、接受这一观点(Hyland,2005),形成对打造人类命运共同体的信念,形成"信仰共同体"。

强调语

第[8]段中的"目标远未完成,我们仍须努力","为此,我们需要做出以下努力",用高值情态,增强了为共同目标努力的语气。

显性自言

显性自言通过突出作者对言语(思维)行为(言语行为情态)的叙述,用强调语表明作者对于命题内容的确信(Hyland,2005)、决心、责任。

在提出打造人类命运共同体时,演讲者用强调语"我们要"这一显性内言形式,即用显性主观言语行为情态,提出包括联合国成员在内的"我们"需要做出的主观努力,如[9]—[17]段:

[9]——<u>我们要</u>建立平等相待、互商互谅的伙伴关系。联合国宪章贯穿主权平等原则。世界的前途命运<u>必须</u>由各国共同掌握。世界各国一律平等,<u>不能</u>以大压小、以强凌弱、以富欺贫。主权原则不仅体现在各国主权和领土完整<u>不容侵</u>犯、内政<u>不容干涉</u>,<u>还应该</u>体现在各国自主选择社会制度和发展道路的权利<u>应当</u>得到维护,体现在各国推动经济社会发展、改善人民生活的实践<u>应当受到尊重</u>。

[10]<u>我们要</u>坚持多边主义,<u>不搞</u>单边主义;<u>要</u>奉行双赢、多赢、共赢的新理念,<u>扔掉</u>我赢你输、赢者通吃的旧思维。协商是民主的重要形式,<u>也应该</u>成为现代国际治理的重要方法,<u>要</u>倡导以对话解争端、以协商化分歧。<u>我们要</u>在国际和区域层面建设全球伙伴关系,走出一条"对话而不对抗,结伴而不结盟"的国与国交往新路。大国之间相处,<u>要</u>不冲突、不对抗、相互尊重、合作共赢。大国与小国相处,<u>要</u>平等相待,践行正确义利观,义利相兼,义重于利。

[11]——<u>我们要</u>营造公道正义、共建共享的安全格局。在经济全球化时代,各国安全相互关联、彼此影响。<u>没有</u>一个国家能凭一己之力谋求自身绝对安全,<u>也没有</u>一个国家可以从别国的动荡中收获稳定。弱肉强食是丛林法则,<u>不是</u>国与国相处之道。穷兵黩武是霸道做法,只能搬起石头砸自己的脚。

[12]<u>我们要</u>摒弃一切形式的冷战思维,树立共同、综合、合作、可持续安全的

第四章 话语共同体文体修辞研究的元话语模式

新观念。**我们要**充分发挥联合国及其安理会在止战维和方面的核心作用,通过和平解决争端和强制性行动双轨并举,化干戈为玉帛。**我们要**推动经济和社会领域的国际合作齐头并进,统筹应对传统和非传统安全威胁,防战争祸患于未然。

[13]——**我们要**谋求开放创新、包容互惠的发展前景。

[15]——**我们要**促进和而不同、兼收并蓄的文明交流。

[17]——**我们要**构筑尊崇自然、绿色发展的生态体系。

Simpson认为叙述声音需考虑情态(Black,2014:55),表义务、意愿的意态化的强调语"要",表现出积极型话语特征,叙述者使用事件中人物的第一人称叙述,增强了努力的责任。演讲者通过高频使用"我们要",显性表达了包括中国在内的世界各国在"打造人类命运共同体"的积极态度和应尽的职责,以及在"建立平等相待、互商互谅的伙伴关系,营造公道正义、共建共享的安全格局,谋求开放创新、包容互惠的发展前景,促进和而不同、兼收并蓄的文明交流,构筑尊崇自然、绿色发展的生态体系"的义务。高责任型情态的使用,以构建人类命运的"责任共同体",如[20]—[22]段。

表意愿的意态化的强调语"将",显性突出了中国在"打造人类命运共同体"的决心:

[20]**中国将**始终做世界和平的建设者,坚定走和平发展道路,无论国际形势如何变化,无论自身如何发展,中国永不称霸、永不扩张、永不谋求势力范围。

[21]**中国将**始终做全球发展的贡献者,坚持走共同发展道路,继续奉行互利共赢的开放战略,将自身发展经验和机遇同世界各国分享,欢迎各国搭乘中国发展"顺风车",一起来实现共同发展。

[22]**中国将**始终做国际秩序的维护者,坚持走合作发展的道路。中国是第一个在联合国宪章上签字的国家,**将**继续维护以联合国宪章宗旨和原则为核心的国际秩序和国际体系。**中国将**继续同广大发展中国家站在一起,坚定支持增加发展中国家特别是非洲国家在国际治理体系中的代表性和发言权。中国在联合国的一票永远属于发展中国家。

演讲者通过"中国将",叙述主体从包括世界各国的"我们"转向"中国",突出参与者"中国",显性增强了中国"做世界和平的建设者、做全球发展的贡献者、做国际秩序的维护者"的意愿,"坚定走和平发展道路、坚持走共同发展道路、坚持走合作发展的道路"的决心。意愿情态的使用,以构建人类未来命运的"愿望共同体"。

自言式宣告类言语行为"我宣布",使主题内容与客观现实一致,通过"我"显性宣布"中国将"做的努力、决心,把中国支持世界和平与发展、加入新的联合国维和能力待命机制等决心付诸实际行动,如[23]段:

[23]在此,**我宣布**,**中国决定**设立为期10年、总额10亿美元的中国—联合国和平与发展基金,支持联合国工作,促进多边合作事业,为世界和平与发展做出新的贡献。**我宣布**,**中国将**加入新的联合国维和能力待命机制,**决定**为此率先组建常备成建制维和警队,并建设8000人规模的维和待命部队。**我宣布**,**中国决定**在未来5年内,向非盟提供总额为1亿美元的无偿军事援助,以支持非洲常备军和危机应对快速反应部队建设。

在以上自言中,作者(演讲者)通过隐性自言方式,引导读者(听众)对"构建人类命运共同体"及对语篇框架、命题逻辑关系的认知,形成"认知共同体"。由语码注释,引导对这一时代命题的协商,形成客观的信念,构成"信仰共同体";由显性自言的思维(言语)行为转述,用高值表义务、意愿的言语行为情态,构建对这一命题的"责任共同体""愿望共同体",即康德的"道德法则共同体",而中国建设人类美好未来的意愿、决心,融入了中国元素"命运",形成"命运共同体"。

借言

显性借言

借言是通过元话语插入他人话语,标识外来的声音,Ifantidou(2005:1331)把外部篇称章元话语,Hyland(2005)称为证据语。通过摘引、引发表明外来信息的来源,标识与其他语篇的一种互文性关系,对命题判断、观点或态度评价提供证据;由言语行为(思维)动词(如 claim, suggest, believe)投射,表示确信、愿望、目的。借言可以是显性的、隐性的,显性借言有明显的第三人称标记,包括显性主观如"X think, states",显性客观如"It seems that…, It is claimed…"

隐性借言

隐性的借言隐去主体声音来源,用副词表示方式,如"seemingly, evidently",也可用间接的言语行为转喻,如自由直接引语、提及、警示语。如在以上第[8]段中,"大道之行也,天下为公"。该句出自《礼记·礼运》篇,在这部儒家经典文献里,阐述了社会政治理想,为人们描绘了最理想而崇高的政治目标、

第四章 话语共同体文体修辞研究的元话语模式

最远大而美好的社会愿景,这就是中国人所熟知的"大同"理想。(林存光,2016)天下之为天下,乃是指包含所有人在内的人类整体,天地之道是最博厚广大、公平无私的,只有遵循、效法天地的公平正义之道,才能真正引领整个天下走向太平大治,也就是接下来对建立"和平、发展、公平、正义、民主、自由"国际秩序的解释。

在[13]段中提出"我们要谋求开放创新、包容互惠的发展前景"时,自由直接引用亚当·斯密《国富论》的"看不见的手"、史蒂芬妮·格里菲斯-琼斯和何塞·安东的"看得见的手",为"努力形成市场作用和政府作用有机统一、相互促进,打造兼顾效率和公平的规范格局"提供理论支持。在宣告"中国将始终做全球发展的贡献者,坚持走共同发展道路"时,使用警示语,欢迎各国搭乘中国发展"顺风车",一起来实现共同发展。这些自由直接引语、警示语的使用,以引起读者(听众)的注意,演讲者和原作者、听众展开多声对话、互动和协商。叙述者主体的隐退,让多声证实他的声音,形成平等互动,从而使自己的观点得到回应,使得"人类命运共同体"的时代命题得到世界各国的认同,在联合国各成员国之间形成你中有我、我中有你,相互依存,历史、现在和未来命运相依的"人类命运共同体"。

这样,通过借言特别是隐性借言,为这些信仰、义务和愿望共同体(世界)的建构提供论据,引起听众的注意,展开古今中外多声互动协商,在多声平等互动中诉诸理性、诉诸情感、诉诸人品,形成对中国"建构人类命运共同体"这一命题的信念、责任、愿望和中国形象的认同,从而在联合国各成员国间建构平等相依的"人类命运共同体"。

话语收缩与拓展

除了声音的内外介入,介入的显隐性、直接和间接外,还有话语空间的拓展或收缩。在以上演讲中,话语收缩多于拓展。

话语收缩

话语收缩通过强调语等宣言(断言、同意、赞同)强化与自己相同的声音(自言),或通过弃言(否定、反驳)压制不同声音。话语收缩突出表现在演讲的第三部分,演讲者用显性自言提出"打造人类命运共同体"需要做出的努力时,如在第[9]段中提出"建立平等相待、互商互谅的伙伴关系"时,用强调语"要""必须""应该""应当",强化"联合国宪章贯穿主权平等原则,坚持多边主义,奉行双赢、多赢、共赢的新理念",同时用"不、不能、不容"等言语行为情态的否定形式,对"单边主义、我赢你输、赢者通吃的旧思维,以大压小、以强凌弱、以富欺贫,对侵犯主权和领土完整、干涉内政行为"加以否定。话语收缩,加强了联合国成员国间形成相互平等、相互尊重的伙伴关系的政治共同体,公道正义、共建共享的安全共同体,开放创新、包容互惠的经济共同体,和而不同、兼收并蓄的文明共同体,尊崇自然、绿色发展的生态,人与自然和谐共处的"人类命运共同体"。

话语收缩的语步空间表现上,起始语步中介绍"联合国"成立背景、"我们祖先""人类历史"和"中国"历史性贡献,空间上由远而近,由作者向参与者的"联合国""中国"内向收缩。在命题提出与阐述语步上使用隐性自言,提出"联合国""全人类""世界各国"五方面"我们要、不要"的努力方面,显性自言和高值情态的使用,使得话语向内收缩,表达中国在联合国中的角色的决心和愿望。随后提出中国的宣言,作者介入第三层话语参与者的行动。在最后的结束语步中,呼吁联合国成员各国的"我们"携手构建合作共赢新伙伴,强化同心打造人类命运共同体的声音。

话语拓展

话语拓展通过模糊语引发、言语转述摘引各种立场声音,展开互动协商,建构多声(heteroglossic)话语世界(Martin & White,2005:97),主要表现为隐性外言的自由直接引语,如"大道之行也,天下为公""看得见的手""看不见的手",在上文中已有分析。

以上多声性介入模式分析了元话语的元功能,特别是人际互动功能。互动主体既包括了自言的自我提及语(I, we)、介入语(you can see in the above),也包括借言的言据标记语(according to sb., sb. says)。自言、借言之分体现了话语主体、主体与文本互动的层次性,但对于哪些层次并未解释,如第一人称(we, I)可以指向现实世界中发话者、受话者的经验或感觉,也可以指向类属群体的态度,并非定指当前语篇中的发话者或受话者互动,而只有当前主体在当前语境中运用当前语篇进行人际交流,体现发话者反身意识、主体性和主体间性时,才能认为是元话语。多声性介入模式以作者为中心,并未体现互动中读者的平等性,而且,缺乏对于主体介入文本的层次、原则细化,需要主体与文本互动的模式。主体对于命题判断、语篇组织、情感、信仰、义务和愿望的表达,涉及话语主体对于认知、态度世界和亚世界的构造和转换,这就涉及主体性、主体间性,需要对反身性模式做出研究。

4.3.2 反身性模式

模式原则

在表达意向性的言语交际过程中,当交际主体关注自我与他人的情感、态度,注重个体与社会的人际关系时,就体现主体的自我意识(Self-awareness)或反身意识,形成反身性模式,体现"主体性"(Subjectivity),形成"主体间性"或"交互主观性"(成晓光,2009),集中体现在视角、情感与认知(沈家煊,2001)几方面。

根据雅可布逊的元语言(对象语言)二分法,及元语言的作者表达性(Expressive)、读者指涉性(Directive),Ädel(2006:18,27-29)提出了基于当前作者—元文本—当前读者三角关系的反身性模式(Flexible Model)。反身性模式受四原则制约,即自我意识原则或明晰性(Self-awareness or Explicitness,不仅要表明作者的存在,如作者的态度、评价,而且要明示给想象读者)、语篇世界原则、当前语篇原则(非真实世界中的经验、非互文性语篇)、作者作为当前语篇作者和读者作为当前语篇读者原则(如当前语篇中的人物)(Ädel,2006:27-29)。元话语受当前语境制约,形成对应的四大特征:明晰性、当前文本(而非外部文本/事件)、当前作者和读者(而非真实世界体验者)、当前话语。反身性模式从文本世界和亚世界视角,从主体与言语过程共现的小句层面,把三大功能整合,建立了融合模式,可以对人际互动模式互参、互补。明晰性可由指示亚世界元话语指向当前语篇世界及作者、读者,语篇世界包括认识亚世界、态度亚世界(信仰、目的、意愿亚世界)。

分类

模式突出互动性,在主体与元文本的互动中,作者以各种角色(如隐含作者、人物角色)表达语篇,介入认知、情感和态度,层入式(以想象的读者、隐含读者)引导读者产生心理反应(如美学鉴赏)。根据指涉(非/人称指示),把元话语分为元文本/引导式元话语(Metatext/Guidance Metadiscourse)、作者—读者互动式元话语(Writer-reader Interaction Metadiscourse)。引导式元话语又分为非人称型(Impersonal)和人称型(Personal),前者是文本导向的(Text-oriented),后者是主体导向的,包括作者导向型(Writer-oriented)、读者导向型(Reader-oriented)、参与者导向型(Participant-oriented)。非人称型可以看作是人称型的拟人隐喻形式,如"This essay will primarily deal with…"是"We will primarily deal with… in this essay"的拟人隐喻。主体或时空指向的视角,指向认识亚世界,进行概念注释,提出主题及阐释、转换、强调,做出语篇架构。作者—读者人际互动型元话语,通过主体指涉指向态度亚世界,提出态度评价,建立社会人际关系,实现论辩功能(Leech,1983;束定芳,1990:3)。具体分类如表4.3所示:

表4.3 反身性模式的元话语分类、功能

元话语类型	次类(根据指涉对象)		语篇/人际功能	示例
元文本/引导式	非人称型	文本/语码导向型时空指示,指向当前语篇(拟人隐喻)	概念注释主题提出、阐释、转换、强调语篇架构	a definition of … involves… in other words… this essay will primarily deal with… the question is… the above mentioned list… firstly, secondly, thirdly
	人称型	作者导向型指向当前语篇中的读者	概念注释主题提出、阐释、转换、强调语篇架构	by… I mean… as a writer, I would like to argue… as I have shown… my conclusion is that…
		读者导向型指向当前语篇中的读者	概念注释主题提出、阐释、转换、强调语篇架构	as you have seen… you might want to read the last section first…
		参与者导向型指向参与者双方	概念注释主题提出、阐释、转换、强调语篇架构	as we have seen… in our discussion above if we take… as example
作者—读者/人际互动型	人称型	参与者导向型指向参与者双方	介入语、态度语介入评判(情态、语气)	I know you think that… correct me if I am wrong, but…
		读者导向型指向读者		Now, dear reader, you probably… does this sound… to you?

第四章 话语共同体文体修辞研究的元话语模式

模式体现读者、参与者与作者的平等性、互动型和动态性,但不管是文本/语码导向型,还是作者导向型、读者导向型、参与者导向型,都与主体介入当前文本的视角、情感、判断相关,形成元话语的主体间性模式。

1) 主体视角

视角上有内外"聚焦"之分,和指涉相关,往往使用人称代词。代词的使用包含了作者、演讲者(叙述者)、事件参与者、听众(受述者)、想象读者多种视角。典型的是指向读者的代词"you",以及包括了"you"的"we",还有邀请读者"you"以参与者角色加入事件中的"I"。在作者引导读者"聚焦"的视角上,内外视角体现了"聚焦"的明显与模糊,体现反身性指涉的明显或隐含程度。

第一人称(I,we)"内聚焦"视角介入度最高,体现明显的主体意识;第二人称"you"是第一人称"内聚焦""we"的变体,作者退隐到一旁,与想象中的读者进行对话,部分转指整体的"we",成为"we"的转喻(Wodak,2009:46)。第三人称"外聚焦"更为客观(如 It is clear…)。"零聚焦"视角的主体不出现,主体隐退到台下,以见证者或旁白形式出现,往往用副词、介词短语形式表达,形成拟人隐喻形式(Lakoff,1980:34)。由外而内的"聚焦"视角,构成作者转喻(热奈特,2013:8)。

主体视角的内外聚焦,通过指称与文本交互式元话语一起,架构语篇结构,实施主题的提出与论证、概念注释、证据提供和逻辑关系的建立,通过互动式元话语,进行情感表达、态度协商,建立人际关系。

下面结合《共同构建人类命运共同体》演讲(2017 年 1 月 18 日习近平主席在联合国日内瓦总部的演讲,以下简称演讲),做出主体间性模式分析,与介入模式作进行比较。演讲除称呼、致谢外,正文部分共 45 自然段,6421 字。

内聚焦

"聚焦"视角通过指称使用体现,对应于提及语,可以是自我提及和他人提及。按出现频率高低,依次使用的指称为中国(58)、世界(45)、我们(22)/我(14)、人类(26)、各国(19)/大国(4)/小国(1)、人民(11)/人们(2)、国际社会(7)、大家(3),通过指称组织语篇语步结构、注释概念、阐释和论证主题、提供证据、表达态度。

演讲的语篇语步上,分成主题导入与阐述(构建人类命运共同体)、主题论证

(中国方案、行动倡议、中国许诺、中国贡献和中国精彩)和结束语步。在演讲开始的问题导入和阐述部分([1]~[8]段),视角上,指称出现频率最高的是"我、我们、人类、人们"。开始的第[1]段,演讲者(省去了"我")和听众的"大家"共同平等地介入主题,"一起探讨构建人类命运共同体这一时代命题"。

[1]一元复始,万象更新。很**高兴**在新年伊始就来到联合国日内瓦总部,同**大家**一起探讨构建人类命运共同体这一时代命题。

在接下来的问题提出和阐述中,演讲者"我"提出了"各方、人们、我们、整个世界"的问题,由内聚焦视角的"我",通过作者转喻(热奈特,2013:8),结合修辞问句,唤起听者注意,引导在场各方听众进入事件中,作为参与者反思这一问题:

[2]**我**刚刚出席了世界经济论坛年会。在达沃斯,**各方**在发言中普遍谈到,当今世界充满不确定性,**人们**对未来既寄予期待又感到**困惑**。世界怎么了、我们怎么办?这是整个**世界**都在**思考**的问题,也是**我**一直在**思考**的问题。

[3]**我认为**,回答这个问题,首先要弄清楚一个最基本的问题,就是**我们**从哪里来、现在在哪里、将到哪里去?

接下来的第[4]—[8]段中,演讲者"我"引导在场的听众"我们"一起以"人类"参与者角色,由当前话语进入过去、现在和将来语篇中,与在场的"各方、各国"一起回顾历史、阐述现状和未来的愿望。首先回首最近100多年的和平与战争的历史,提出"各方最殷切的诉求,就是扩大合作、共同发展"[4],提出"这100多年全人类的共同愿望,就是和平与发展"[5],指出人类在经济、社会、文化、科技方面正处在"各国相互联系、相互依存,全球命运与共、休戚相关"的命运共同体中,"和平、发展、合作、共赢"成为时代潮流[6],人类正面临着挑战[7],"人类共有一个家园"[8]。通过参与者的物质、关系("是")等过程,由"我""我们"的"内聚焦"视角形成内群体,把包含"中国、各国、全球"在内的全人类"经历、遭受"的命运结合到一起,"各国相互联系、相互依存,全球命运与共、休戚相关",形成"我们"中国与各国人民命运相连的共同认知(文秋芳,2017)。

[4]回首最近100多年的历史,**人类**经历了血腥的热战、冰冷的冷战,也取得了惊人的发展、巨大的进步。上世纪上半叶以前,**人类**遭受了两次世界大战的劫难,**那一代人**最迫切的愿望,<u>就是</u>免于战争、缔造和平。冷战结束后,**各方**最殷切的诉求,<u>就是</u>扩大合作、共同发展。

第四章 话语共同体文体修辞研究的元话语模式

[5]这100多年全**人类**的共同愿望,就是和平与发展。

[6]**人类**正处在大发展大变革大调整时期。**世界**多极化、经济全球化深入发展,社会信息化、文化多样化持续推进,新一轮科技革命和产业革命正在孕育成长,**各国**相互联系、相互依存,**全球**命运与共、休戚相关,和平力量的上升远远超过战争因素的增长,和平、发展、合作、共赢的时代潮流更加强劲。

[7]同时,**人类**也正处在一个挑战层出不穷、风险日益增多的时代。

[8]宇宙只有一个地球,**人类**共有一个家园。到目前为止,地球是**人类**唯一赖以生存的家园,珍爱和呵护地球是**人类**的唯一选择。**我们**要为当代人着想,还要为子孙后代负责。

在以下对中国方案的主题论证的第[9]—[15]段中,演讲者和听众的"我们"一起,以参与者的"中国、人类、联合国及所有机构、组织、日内瓦、各国",以拟人隐喻(文秋芳,2017)或作者转喻,通过表关系过程的"是、也是、者…也、乃",对公平合理的目标,主权平等的原则,以及民主化的国际关系准则和国际公约和法律文书,秉承中立、公正、独立的基本原则,对"构建人类命运共同体"做出命题阐释、概念注释:

[9]让和平的薪火代代相传,让发展的动力源源不断,让文明的光芒熠熠生辉,**是各国**人民的期待,**也是我们**这一代政治家应有的担当。**中国方案是:构建人类命运共同体,实现共赢共享**。

[10]理念引领行动,方向决定出路。纵观近代以来的历史,建立公正合理的国际秩序**是人类**孜孜以求的**目标**。从360多年前《威斯特伐利亚和约》确立的平等和主权原则,到150多年前日内瓦公约确立的国际人道主义精神;从70多年前联合国宪章明确的四大宗旨和七项原则,到60多年前万隆会议倡导的和平共处五项原则,国际关系演变积累了一系列公认的原则。这些**原则**应该成为构建**人类**命运共同体的基本遵循。

[11]主权平等,**是**数百年来国与国规范彼此关系最重要的**准则**,**也是联合国及所有机构**、**组织**共同遵循的首要**原则**。

[12]日内瓦**见证**了印度支那和平问题最后宣言的通过,**见证**了冷战期间两大对峙阵营国家领导人首次和解会议,**见证**了伊朗核、叙利亚等热点问题对话和谈判。

[13]"**法者**,治之端**也**。"在日内瓦,**各国**以联合国宪章为基础,就政治安全、

贸易发展、社会人权、科技卫生、劳工产权、文化体育等领域达成了一系列**国际公约和法律**文书。法律的生命在于付诸实施，各国有责任维护国际法治权威，依法行使权利，善意履行义务。法律的生命也在于公平正义，**各国和国际司法机构应该确保国际法平等统一适用**，**不能**搞双重标准，**不能**"合则用、不合则弃"，真正做到"无偏无党，王道荡荡"。

[14]"海纳百川，有容**乃**大。"开放包容，筑就了日内瓦多边外交大舞台。**我们要推进国际关系民主化，不能搞"一国独霸"或"几方共治"**。

[15]面对频发的人道主义危机，**我们应该弘扬人道、博爱、奉献的精神**，为身陷困境的无辜百姓送去关爱，送去希望；**应该秉承中立、公正、独立的基本原则**，避免人道主义问题政治化，坚持人道主义援助非军事化。

在该语步的最后，演讲者又通过"我们"强化各国、联合国及所有机构、组织所秉承的中立、公正、独立的基本原则。

在[10]中，《威斯特伐利亚和约》、联合国宪章明确的四大宗旨和七项原则、万隆会议倡导的和平共处五项原则，这些对合约、宪章宗旨和原则的提及，以转述（转喻）方式为人类追求公正合理的国际秩序理念提供支持证据。[12]中拟人隐喻"日内瓦见证了……"对[11]中提出的主权平等的准则提供证据。

零聚焦

[13]中自由直接引语"法者，治之端也"使得联合国宪章的基础地位得到支持，不能"合则用、不合则弃"，真正做到"无偏无党，王道荡荡"，[14]中的"海纳百川，有容乃大"，不能搞"一国独霸"或"几方共治"，使国际舞台的开放包容、民主得到赞成。自由直接引语的使用，叙述者隐退，视角上的"零聚焦"为观点提供客观论证，强化命题的可靠性，"零聚焦"视角往往使用评注性副词实施情感和态度表达。

外聚焦

"外聚焦"的视角往往使用第三人称的直接/间接引语，对主题做出阐述、逻辑论证。第三人称"外聚焦"视角还往往以显性客观情态实施，如情态隐喻"It is necessary to view these results…, It seems that…"是情态（如must, may, probably）的显性客观表达，属强调语/模糊语。强调语与模糊语对应于主体视角上"聚焦"的"明显"与"模糊"。

内、外聚焦，话语空间的收缩与拓展，形成主体间多重视角的互动。除此之外,主体间互动内容上还有情感、判断和鉴赏,形成态度评价,即由元话语的态度语建立人际关系。

2) 态度(情感、判断、鉴赏):态度评价语。

情感

主体往往通过人际互动型元话语介入态度,构成态度标记语,内容包括情感、判断和鉴赏,分别构成态度标记语的三个维度,属态度语,每个维度可以通过过程动词、性状形容词、方式副词和关系小句表达。

情感包括情绪、心情、性情,维度上分为不/高兴、不/安全、不/满意,可以用表心理过程的行为动词、事先性状形容词、事后评价副词或关系小句表达(刘立华,2010:10),如 surprisingly,Hyland 称之为态度语。情感表现为事先对预设结果的反应,对命题的确信或不确定使人感到不/高兴,通过表心理状态的形容词表达,如"I'm happy to…"(令人高兴的是);也可用事后评注性副词隐性转指,如 happily,或用关系过程客观显性表示,如"It's happy for you to…";同样,"anxiously"(令人不安地/的是)可以用"I'm anxious to…,It is anxious that…"),"unsatisfactorily"(令人满意地/的是)可以用"I'm unsatisfied to…,It is unsatisfactory that…","unfortunately"(不幸地/的是)可以用"It's unfortunate that…","surprisingly"(奇怪地/的是)可以用"I'm surprised to…,It's surprising that…"。事先情状预设、事后的反应、客观评价是心理行为的转喻,如"我怀疑"可用"I doubt, I'm doubtful to…, doubtfully, It's doubted that…";"我相信"可以是"I'm sure(certain) to…, surely(certainly), It's sure that (certain) that…",或"I believe, believably, It's believed that…",往往和"内、外聚焦"视角或零聚焦视角共现,进行话语的收缩或拓展。

第一人称"内聚焦"视角往往和共享知识一起,对共同的情感、判断和态度(如 I feel, I think, I believe, I promise, I hope, I agree)做出断言、宣告,实施话语收缩,构成态度标记语的情感维度(表 4.4)。如演讲开始部分第[1]段中演讲者表达的"高兴"情感及人们对未来的"困惑"。

表 4.4　元话语的主体间性模式分类与功能

视角	内聚焦 (显性主观)	零聚焦 (隐性)	外聚焦 (显性客观)	态度表达与 评价功能
语义、语法手段	心理过程动词(感知、判断、注意、确信、愿望、目的)、性状形容词	心理反应的副词、情态助词	关系过程小句	形容词、副词、关系小句
情感维度	I'm happy… I'm surprised to…	happily surprisingly	It's happy to… It's surprising that…	情感表达
判断维度	感知、判断、注意 I feel/think/I find… we can see(find, note, consider) that…	通常性 usually, generally, fortunately	It is general that…	正常性评价 It's normal that…
	信念 I believe I'm certain (sure, clear) to…	可能性 probably, might/perhaps/possible certainly (surely, clearly), definitely, really, in fact, frankly	It's likely that… It is certain (sure, clear) that…	真诚性评价 It's true that…
	愿望 I hope… I'm willing to…	意愿 hopefully willingly	It is hoped that…	可靠性(意志)评价 be determined to …
	目的 I promise	责任 must, should	It is required that…	正当性评价 It'd be fair for you to…
鉴赏维度	反应、构成与价值 I'm interested in…	interestingly	It's interesting that…	平衡性、复杂性、重要性、时效性、创新性、价值评价

判断

判断是主体在心理上对命题"是"与"否"(+/-)的可能性、盖然性的感知、认知、确信、信仰,或对意愿、责任的表达,可以用显性主客观、隐性主客观情态加以评判,形成态度的判断维度。和情感一样,可以用"心理过程"的(情态)动词表达,如"请注意、请考虑、你知道"(note that,consider,you can see that…)等指令性言语行为,引起读者的感知、认知、关注、思考、判断,表达信仰、愿望、目的(I see,I think,I believe,I hope,I promise)。也可用"性状"的形容词、表"心理性状"的副词、情态助词表达,或"关系过程"的小句投射表达,如"probably"可以用主观情态"I think that…,I can see that…",或用客观情态"It's likely that…"隐喻表达。

从个体心理投射到社会认知,对命题"是"与"否"之间状态的判断和社会评判构成一连续体,对应于对人和物的正常性、能力、可靠性,社会道德许可的真诚性、正当性评判。表通常性的"as usual/usually,It's usual for him to"可以说成"normally,It's normal for him to…",是对社会尊严的"正常性"(normality)评价;表可能性的"I think,probably,It's likely that/I'm certain that…,certainly,It's certain that…","毫无疑问地"(undoubtedly/There is no doubt that…)或"明显地"("clearly/It is clear that…"),可以说成"It's true that…",是对"真诚性"(veracity)的社会评价,表意愿的"意态"(inclination)"I hope""I will"对应于"可靠性"(tenacity)评价,"I'm willing to …"可以说成"I'm detemined to…";表"责任"(obligation)的"I promise,You should"可以说"It'd be fair for you to go"对应于"正当性"(Propriety)评价(马丁,2010:265,351)。这些判断是对作者人品、身份形象的评价,构成态度标记语的判断维度。

鉴赏

鉴赏是情感向美学域的投射,组成结构的平衡性、复杂性等,引起读者心理上美的反应,对重要性、时效性、创新性、真善性等形成价值评价。反应指作者使用元话语引起读者兴趣,具有真值性和时效性,如"令我满意的是"(to my satisfaction)、"有趣的是"(interestingly),往往使用呼吁、修辞问句等,产生美的反应,构成态度标记语的鉴赏维度,表达对人类共同美好未来的共同体向往。

级差:强调语、模糊语

在"是"与"否"两极间存在级差,包括语势的扬升(raise)或降抑(lower),"聚焦"的明显(sharpen)或模糊(soften),这样,就把强调语、模糊语在语势、聚焦上进一步加以级差细分。

情态包括可能性或经常性判断,以及意愿、义务表达,构成情态化和意态化之分(如上表中),而内在的情态,在概念命题的"是"与"否"两极的判断之间,在"可能/不可能"(possible/impossible)、"通常"/不常(usually/unusually)、"应该/不应该"(should/shouldn't)、"愿意/不愿意"(will/be unwilling to)、必须/禁止(must/mustn't)之间,通过语势加以扬升或降抑,表达对命题的判断,以及意愿、承诺的确定或模糊,对应于强调语或模糊语。如第[14]段"我们要推进国际关系民主化,不能搞'一国独霸'或'几方共治'",第[15]段"面对频发的人道主义危机,我们应该弘扬人道、博爱、奉献的精神,为身陷困境的无辜百姓送去关爱,送去希望;应该秉承中立、公正、独立的基本原则,避免人道主义问题政治化,坚持人道主义援助非军事化"。其中的"要、应该"高值情态,强调了民主、公正的国际关系准则。

"聚焦"的明显(sharpen)或模糊(soften),把不能分级的态度加以区分,通过"内聚焦""外聚焦"或"零聚焦"视角实现,如"零聚焦"的"probably"可以用第一人称隐性主观情态(如 I think)"内聚焦",或第三人称"外聚焦"的显性客观情态(It is probably that…),用情态隐喻加以表达(Halliday,1994:358),构成主客观、显隐性评判级差(显性主观＜隐性主观＜隐性客观＜显性客观)。视角上"聚焦"的由内而外,在远近维度上构成"明显"到"模糊"的区别。如对"构建人类命运共同体"命题的判断,可以从"内聚焦""I think that…/我认为"做出显性主观的叙述,如第[3]段"我认为,回答这个问题,首先要弄清楚一个最基本的问题,就是我们从哪里来、现在在哪里、将到哪里去?"或者隐性的"零聚焦",如[1]中"很高兴同大家一起探讨构建人类命运共同体这一时代命题"。或者第三人称"外聚焦"的叙述视角,实现"聚焦"的"明显"。

4.3.3 语用认知模式

SFG—inspired model 限于语法,而语篇、人际功能应属于情景语境中的语用功能。反身性模式的四原则,强调当前语境中的言语交际,强调主体意识,但发话者使用元话语交际的反身意识体现为元语用意识(Verschueren,2003:220),表现出语用特征性,是发话者为了在文本中指涉、明示某种语用修辞意图而对概念命题或言内之意(Locutionary Meaning)进行的操控制约,使言内行为在社会文化语境中获得言外之力(Illocutionary Force),产生言后效果(Perlocutionary Effect),语篇上表现为指示、关联,人际上投射出人格、身份、形象等语用功能,是语境中的语用行为。元话语的语用认知观认为,语义可以由元话语拓展成言外之意和言后行为,语义真值受适切性条件影响,因此元话语并非不改变概念义,而是和概念义形成一连续体,不同于 Kopple 和 Crismore 等学者观点,因此也就没有主要话语与次要话语之分,正如马林诺夫斯基所说,元话语是一种特殊话语,是为建立交际团体(Phatic Communion)而使用的话语(Mao,1993:269),避免了语法模式的概念、语篇和人际的离散分类。

1)元话语的语用认知分类

元话语在语用学中被称为话语标记语(Discourse Markers),又被称为话语联系语(Discourse Connectives)、语用标记语(Pragmatic Markers)、语用表达式(Pragmatic Expression)等等(何自然,2006:146;Guangwu Feng, 2008)。国外学者如 Fraser, Lakoff, Labov, Franshel, van Dijk, Svartvik, Owen, Schourup, Schiffrin, Bazzanella 等从语义—语法—语用的不同角度进行了研究,国内学者何自然、冉永平、黄大网、李勇忠、马建忠、吕叔湘等也对语用标记语进行语用—认知和功能分析(何自然,等,2006:146-166)。

话语标记语不是编码概念意义,其核心是程序意义(Fraser,1999),对语言的产出和理解具有制约性。通过明示语境假设进行隐义推导(Blakemore,1992;冉永平,2000),为话语的命题内容及态度提供语境解释(Verschueren,2003:220),是一种连贯指示语(Coherence Indicators)(Schiffrin, 1987)。话语标记语是一种起连接作用的词语或结构,它不仅可以在句内连接,还可以是句间的连接,起到连贯整个语篇的作用,既可以是语义连接,也可以是语用关联。

Fraser(1999)把话语标记语分成四类,即主题变化标记语、阐发性标记语(Elaborative Markers)、推导性标记语(Inferential Markers)和对比性标记语(Contrastive Markers),可细分为推理、换言、对比、话题标记语、话语来源、言说方式、评价、言语行为等 8 种标记语(冯光武,2004)

(1)根据语篇语用功能,可分为:

①主题变化标记语(Topic Change Markers)或话题标记语,如"by the way, speaking of, to return to my point"等标示话题转换或话语再接。从言语行为视角看,Kopple(1985,1998)、Hyland(1998:442)的元话语功能类型中,篇章元话语中的语篇框架语(to begin, to conclude)标识话题的开始、转换、总结,宣告言语行为的开始、论辩和结束。如表 4.5 所示。

②阐发性标记语,如"first, second, then, and, for another thing, furthermore, in addition, what is more, moreover, not only … but also, namely, for example"等,对信息的顺序做出标示,从详略度做出注释。

③推导性标记语,对条件、因果关系做出阐述推导。如表因果的"so",其意义转变经历了以下过程:表示被修饰语的程度→以这样的方式→因果→对前一句话语的连续→对前一个话轮的连续。表现因果关系的话语标记语可划分成四个次范畴(Halliday, Hasan, 1976:243):一般因果关系、后置原因、条件因果以及切入角度因果关系。体现一般因果关系的有"so, thus, hence, therefore, consequently, as a consequence / result"等。体现后置原因的有"for, because"等。体现条件因果关系的有"then, otherwise"等。体现切入角度因果关系的有"in this regard",意思相当于"鉴于"。

④对比性标记语,有"though, but, contrary to, however, in comparison, in contrast, on the other hand, on the contrary, still, whereas, yet"等。

表4.5 元话语的语用认知分类1

语篇语用标记语	语用原则(合作)	言语行为类型	示例	对应文本交互型元话语
主题标记语	关系准则(总—分,分—总) 方式准则(清晰、简洁)	宣告类指令类	to begin, to conclude, speaking of, to return to my point, as noted above	语篇架构语内指语
阐发性标记语(解述、详述、换述)、推导性标记语(因果)、对比性标记语	关系准则(逻辑关系清晰)	阐述类	first, second, namely, furthermore, for example, if … then, in addition; and; thus; but	逻辑关联语

(2)根据语用交际功能,基于交际中的言语事件(行为),可以分为:

①施事类话语标记语

即言语行为标记语,是交际中最为基本和突出使用的元话语,用施为动词显性表达,如:claim, believe, assume; advise, suggest, suppose, order; promise; apologize; declare 等;可视为显性语用标记语;也可用隐含某些言语行为动词的副词,如:frankly(speaking), honestly, openly, seriously, confidentially, directly,"恕我直言、简言之"等,以言说方式转指,可视为隐性语

用标记语。

②传信类标记语

"allegedly, reportedly, according to…"等副词、介词短语,用言语行为的一种方式转指言语信息来源,是隐性客观的阐述类言语行为,属证据语。这类证据语通过话语转述/转思(自由/直接引语、自由/间接引语)标示命题信息来源,增强可信度,为命题提供充足的信息,符合质、量等准则。

③态度类标记语

"unfortunately(遗憾地说),sadly, happily, luckily","真可惜、说来惭愧"等表示话题评价或态度的副词,用以表达情感、态度和评价,为表达类言语行为,又称评价性标记语,是行为的评价转指,是隐性的。

④实据类标记语

"clearly, evidently, obviously, certainly, undoubtedly, probably, possibly, definitely"等副词(隐性客观情态),表示信息的可信程度、对可能性和通常性的判断和确信,属隐性客观的阐述类言语行为,语气有强弱,为强调语或模糊语。语用分类归纳如表4.6所示:

表4.6 元话语的语用认知分类2

语用标记语	语用原则(社会、美学)	言语行为类型	示例	对应人际互动型元话语
施事类 (事中言语/思维行为) 传信类 行为方式	正常性、诚实性、正当性	阐述、指令、承诺类	I/we (claim, believe; advise, suggest; promise) according to … It is reported that… consider, note that, can see that…	提及语 证据语 介入语
	正常性、诚实性、正当性	表达类	frankly(speaking)	态度语
实据类(事前情态;对事前能力、意图、意愿、义务的预判)	经常性/正常性,可能性/诚实性,意态/可靠性,责任/正当性	阐述类 表达类 承诺类	probably, usually clearly, evidently will must, should	模糊语 强调语
态度类(事后反应)	美学原则(情感反应)	表达类	unfortunately, surprisingly	态度语

交际是主体借助事件/文本的过程,事件由言语行为场景(Speech Act Scenario)(Panther, Thornburg, 1998:759)构成,包括事前(The Before)、事中(The Core)和事后(The After)三部分。事前部分有主体意图、动机、能力;事中是环境(setting)中的过程、过程参与者间的相互作用;事后有结果归因和主体情感反应。按照显隐性程度,最凸显的为事中的事件过程,由言语、心理过程的显性言语/思维行为标记语引发,对话题做出宣告、阐述,提出建议、做出承诺、表达祝愿。言语行为进入心理域,介入情感,进入社会域,形成态度评价。言语/思维行为过程中的"我认为、我相信、我宣称(I think, I believe, I claim)"阐述信仰;"我建议、我要求(I advise, I request)"发出指令;"我许诺(I promise)"承诺责任、义务;"我愿意、我希望(I'm willing to, I hope)"表达愿望,信仰、愿望、目的构成态度亚世界(Werth, 1999:210-258)。

言语/思维行为也通过事中行为方式的隐性言语/思维行为的性状转指,即用言语行为情态加以隐喻表达,如"I think/promise"可以用副词"probably, certainly(speaking)"隐性客观地加以模糊或强调表达,或"It's usual to(say)…"显性客观表达。情态和情态隐喻使得语气增强或减弱,构成强调语、模糊语。

言语/思维行为也可通过事前的心理状态,用言语行为情态专指(张立新,2014:75),由主体对行为的能力、可靠性、意图、义愿,对达到目的应尽的义务做出预判。由表通常性、可能性、意愿和义务(如can, will, should)的情态转指行为的正常性、能力、可靠性、真诚性和正当性(Zienkowski, Östman, Verschueren, 2011:237-238),对主体的行为做出预判。

言语/思维行为也可由事后引起的听者情感反应的情感评注型标记语(副词),如"unfortunately、surprisingly"等态度语,介入制度化情感,做出关于对事件、人物"正常性"等社会评判。

2) 特征

①**反身性、主体性与主体间性**

欧陆学派的法国语用学派突出主体性,明确提出语用学是关于言说主体的观点,强调言者在话语中站位的能力(Zienkowski, Östman & Verschueren, 2011:88-93)。反身性模式的焦点是主体的自我意识,明示自身在文本中的存在,是作者引导读者的明示推理过程。语用交际中,发话者要遵循合作原则中的质量准则,说话要真诚、真实,信息量要适当,方式准则要求简洁,要符合逻辑关系。这样,才能使听话者以最小的努力理解话语。因此,需要发话者遵循篇章修辞的限制,关注听话者的存在,从话语的可理解性、经济性出发,关注听话者的认知状态。通过使用篇章架构语、逻辑关联语、指示语、语码注释语、证据语,诱发听话者在质、量、方式和关系上合作,取得关联的认知效果。这些语篇语用元话语,表现出发话者在话语空间中的存在、站位和话语时空过程,监控自身的所言,预告下文所说,使话语前后指示照应,形成反射性、反身性,标示了作者对读者的观照,在认知语用上形成主体性和主体间性(Zienkowski, Östman & Verschueren, 2011:88-93)。

②显隐性

交际主体性和主体间性突出表现为对"是"与"否"的归一度及其中的可能性、经常性、责任、意愿的判断,以及情感反应、社会态度评价,具体用言语行为、行为性状(可能性、经常性形容词)、方式(副词)表达,法国语用学流派称之为言语情态(Zienkowski, Östman & Verschueren, 2011:96)。在言语行为事件中,性状、方式被视为言语行为转喻,从言语行为的质的特性和方式,转指行为,遵循的是合作原则中的质量、方式和关系准则,以最小的努力获得最佳交际效果。

显性言语行为多以第一人称出现,表现出显性主观态度(如 I advise);或者以转喻方式表达隐性客观的态度评价(如 unfortunately),这种态度由心理判断映射到社会域而来,遵循的是社会原则,更为间接和隐性,主体间性较小。也可以是表主体情感的形容词映射而来(如 happy, balanced),被称为美学情态(Zienkowski, Östman & Verschueren, 2011:97),遵循的是美学原则。情态被亚里士多德认为具有断言、询问、表达愿望、预言和指令的功能(assertive, interrogative, optative, predictive and imperative),通过情态表达,对概念做出可能性、经常性、意愿、义务的质(真实)、量的判断,构成认识情态,映射到社会域,形成对能力(如 capably/can, able)、正常性(unusually/luckily)、意愿(will)、真诚性(likely/frankly)、正当性的社会评判(如 how sad, luckily)。这样,以显隐性言语行为、言语行为转喻或隐喻,做出态度表达。

③明晰度

要取得最大关联的认知语用效果,最直接最基本的方式是言语事件的行为表达,事件过程中的施为动词(如 we can summarize),往往和主体共现,或用行为方式或状态(评价)的副词,或用表环境的介词短语(如 in summary),或用话题或时空指示(如 with regard to the topic, in the previous section, here, now)表达,明显度和反身性大(Toumi, 2009)。而言语行为(事件)隐喻,由表达纯理概念的物质过程、逻辑关系的语码注释语、逻辑关系语、语篇框架语,往往是以拟人隐喻方式映射到言语域,主体隐退,较为间接,明晰性和反身性较低。

3)共同体的语用认知构建

作者通过元话语的语用认知形式,与读者互动构成当前话语世界,构建出认知亚世界、信仰亚世界、愿望亚世界和目的亚世界,从而构建出整个人类世界的命运共同体。具体用阐述类等语篇言语行为(语码注释语、过渡语、证据语),为共同体做出概念解释和论证,在认知世界构成"认知共同体"。通过表"心理过程"的动词,表"关系过程",表"性质"的形容词,表"评注/评论"的副词(Martin & White, 2005:42; White, 2011)构建态度亚世界,包括信仰亚世界(Believe-world)、愿望亚世界(Want-world)和目的亚世界(Intend-world)。由确信(believe, think, suppose, doubt)等词阐述对命题真实度的感知、认知和确信程度,构成"信仰共同体";由希望、梦想、愿望(wish, hope, dream, desire)等表达心理需求,构成"愿望共同体";由承诺(promise, agree)类言语行为、指令类言语行为(offer, request, command),构成"责任共同体"。

以上表达认知、态度亚世界的言语/思维行为动词,是最基本、最显性的元话语,往往用第一人称叙述表达,表达作者显性的态度,如表信仰的"I know, I believe"。现在时的使用,把作者的思想与语篇中参与者思想融合,具有参与者可及性,作者通过介入当前语篇世界和参与者内心,使读者感觉到文本的叙述者与参与者的融合(Garvin, 2007:128),形成具有共同信念的"信仰共同体";用"I hope"等形成"愿望共同体",用"I promise"等形成"责任共同体"。

亚世界也可通过隐性方式,用言语/思维行为情态转喻隐性实施。可用表行为状态的副词如"certainly/doubtfully, apparently/supposedly"表达对可能性判断的确信或怀疑,用"hopefully, regrettably"表愿望或反期待的遗憾,用"demandingly"表目的、义务,这些判断、愿望、义务也用可情态助动词"must/maybe, perhaps, possibly, usually, will, should/need to",构成认知情态世界(Epistemic Modal-world)(Garvin, 2007:110)、意愿情态世界(Boulomatic Modal-world)和道义情态世界(Deontic Modal-world),对应于信仰、愿望和目的三大亚世界,构成"信仰共同体""愿望共同体""责任共同体"。主体的隐退,无固定视角的"零聚焦"摄像式叙述,可以使读者做出隐性客观判断。

以上亚世界也可以用表"关系过程"(be...that)的形容词,用显性客观情态隐喻"It is clear that… /It's doubtful that… /It seems that…"表达,第三人称"外聚焦"叙述,对可能性、经常性做出显性客观判断,表达对命题真假的确信或不定,属强调语/模糊语,对应于信仰亚世界,构成"信仰共同体";用如"满怀希望的/地"(It is hoped that)、"令人遗憾的/地"(It is regrettable that…)把主观愿望(I hope, I will)、客观状态(hopefully, regrettably)用情态隐喻加以"外聚焦",在愿望亚世界显性客观地表达,构成"愿望共同体";用如"It is required that…, It's expected that…"情态隐喻把请求、命令、义务、责任(I promise, we should, we must)加以显性客观表达,构成目的亚世界的"责任共同体"。

作者对读者的思维/言语行为的引导,从第一人称"内聚焦"、无人称"零聚焦",到第三人称"外聚焦",从显性主观(如 I think)到隐性主/客观(如 supposedly)、显性客观(如 It's supposed that…),行为、方式、关系之间体现了思维/言语行为的直接、间接的转喻关系,从叙述者的思维/言语行为的叙事表述,到自由间接引思/引语、间接引思/引语,再到自由直接引思/引语、直接引思/引语(Black,2014:138),标示话语参与者可及性(discourse participant accessible)、亚世界扮演者可及性(Enactor Accessible)的直接、间接关系,从直接到间接的转喻,叙述者对受述者的心理和文本的操控度由强到弱介入,直接引思/引语和自由直接引思/引语没有动词或副词出现,也没有主体出现,基本反映不出叙述者的控制。可及性需通过评议实现,思维/言语行为的显隐性构成内外评议(Black,2014:41-43),经由内外评议,主体从话语世界进入文本世界,即由信仰亚世界的认知情态,表达愿望亚世界的意态、目的亚世界的社会责任、许可或禁止的道义(Garvin,2007:94;Werth,1999:249-57),构成"信仰共同体""愿望共同体""责任共同体"。这些元话语的语用,引导读者在不同亚世界中转换、反转、整合,构成"话语共同体"。

下面结合演讲,具体分析元话语对"认知共同体""信仰共同体""愿望共同体""责任共同体"的语用认知构建。

在亚世界中,演讲中出现频率最高的是表目的、要求、许诺等指令类、承诺类言语/思维行为、言语/思维行为情态(70次)表达,用"内聚焦"的"我(们)要、应/该、必须、需要、可能、不可能"等高量值的显性主观情态的,承诺"建构人类命运共同体"的义务,构成"责任共同体";其次为"我(们)希望、期待"等"愿望"的情态表达(36次),表达"建构人类命运共同体"的愿望,构成"愿望共同体";最少的是"我(们)认为、想、确信"等的"信仰"(11次),表达对"命运共同体"命题的感知、认知、判断、确信,构成"信仰共同体"。信仰、责任、愿望的话语世界共同建构成"人类命运共同体"。

①信仰共同体

由主题标记语、阐发性标记语(解述、详述、换述)、推导性标记语(因果)、对比性标记语的语篇语用形式,完成对"建构人类命运共同体"这一概念和语篇的组织、概念解释,使听众形成对"构建人类命运共同体"的理解和确信,形成"信仰共同体"。在以上演讲的第[1]—[15]中,通过"(我)想、思考、认为、相信"的第一人称视角,"内聚焦"到"命运共同体"的信仰,建构"信仰共同体"。再如,第三部分的行动倡议:

[16]大道至简,实干为要。构建人类命运共同体,关键在行动。**我认为**,国际社会要从伙伴关系、安全格局、经济发展、文明交流、生态建设等方面做出努力。

[16]中用"我认为"的"内聚焦"视角,显性主观地邀请"国际社会"以参与者角色,加入五方面的努力中。演讲者引导听众进入到文本世界时,引导国际社会听众一起进行思考、回答这个问题,显性主观情态隐喻(认知情态),聚焦的"明显"使听众思维聚焦于**"信仰亚世界"**,增强了对"建构人类命运共同体"命题真值的可能性(probably)的感知、认知、判断、思考和信念,使听众认知认同中国与世界"命运与共"的观点,使得话语双方关系得到加强,形成"信仰共同体"。

②责任共同体

通过"我们(要)、应该,(我们)不能、不应(该)""国际社会、国家之间……(要)、各国……(应该、要)"这些表责任的道义型情态,建构"责任共同体"。这种元话语突出体现在以下的行动倡议语步中:

[17]——坚持对话协商,建设一个持久和平的世界。**我们要**完善机制和手段,更好化解纷争和矛盾、消弭战乱和冲突。

[18]瑞士作家、诺贝尔文学奖获得者黑塞说:"**不应为战争和毁灭效劳,而应为和平与谅解服务。**"**国家之间要**构建对话不对抗、结伴不结盟的伙伴关系。**大国要**尊重彼此核心利益和重大关切,管控矛盾分歧,努力构建不冲突不对抗、相

第四章 话语共同体文体修辞研究的元话语模式

互尊重、合作共赢的新型关系。只要坚持沟通、真诚相处,"修昔底德陷阱"就可以避免。大国对小国要平等相待,不搞唯我独尊、强买强卖的霸道。任何国家都不能随意发动战争,不能破坏国际法治,不能打开潘多拉的盒子。核武器是悬在人类头上的"达摩克利斯之剑",应该全面禁止并最终彻底销毁,实现无核世界。要秉持和平、主权、普惠、共治原则,把深海、极地、外空、互联网等领域打造成各方合作的新疆域,而不是相互博弈的竞技场。

[19]——坚持共建共享,建设一个普遍安全的世界。世上没有绝对安全的世外桃源,一国的安全不能建立在别国的动荡之上,他国的威胁也可能成为本国的挑战。邻居出了问题,不能光想着扎好自家篱笆,而应该去帮一把。"单则易折,众则难摧。"各方应该树立共同、综合、合作、可持续的安全观。

[20]近年来,在欧洲、北非、中东发生的恐怖袭击事件再次表明,恐怖主义是人类公敌。反恐是各国共同义务,既要治标,更要治本。要加强协调,建立全球反恐统一战线,为各国人民撑起安全伞……

[21]——坚持合作共赢,建设一个共同繁荣的世界。发展是第一要务,适用于各国。各国要同舟共济,而不是以邻为壑。各国特别是主要经济体要加强宏观政策协调,兼顾当前和长远,着力解决深层次问题……

[22]当然,发展失衡、治理困境、数字鸿沟、公平赤字等问题也客观存在。这些是前进中的问题,我们要正视并设法解决,但不能因噎废食。

[23]我们要从历史中汲取智慧……我们也要从现实中寻找答案。

[25]——坚持交流互鉴,建设一个开放包容的世界。

[26]每种文明都有其独特魅力和深厚底蕴,都是人类的精神瑰宝。不同文明要取长补短、共同进步,让文明交流互鉴成为推动人类社会进步的动力、维护世界和平的纽带。

[27]——坚持绿色低碳,建设一个清洁美丽的世界。我们应该遵循天人合一、道法自然的理念,寻求永续发展之路。

[28]我们要倡导绿色、低碳、循环、可持续的生产生活方式,平衡推进2030年可持续发展议程,不断开拓生产发展、生活富裕、生态良好的文明发展道路。

[29]瑞士军刀是瑞士"工匠精神"的产物。我第一次得到一把瑞士军刀时,我就很佩服人们能赋予它那么多功能。我想,如果我们能为我们这个世界打造一把精巧的瑞士军刀就好了,人类遇到了什么问题,就用其中一个工具来解决

它。**我相信**，只要国际社会不懈努力，这样一把瑞士军刀是可以打造出来的。

以上用第一人称"我（们）"内聚焦视角，把在场的"国际社会、大国小国、任何国家、各国"听众聚焦到当前文本的"目的亚世界"中，以参与者角色与叙述者进行对话，要求"<u>坚持对话协商、共建共享、合作共赢、交流互鉴、绿色低碳</u>"，坚持建设一个"<u>持续和平、普遍安全、共同繁荣、开放包容、清洁美丽的世界</u>"[17,19,21,27]。五个坚持，表达建设一个五位一体的人类命运共同体的决心，从隐性的情态"要"转向显性的指令类言语行为，基本性元语用标记语的使用，心理上的真诚条件"要求"各方听众与演讲者一起行动，从方向上明确引导听众对客观现实做出改变，以适应当前话语（何自然，1999:93）。

在每一个"坚持"方面，又通过否定形式，如在"坚持对话协商，建设一个持久和平的世界"方面，除了"我们要完善机制和手段，更好化解纷争和矛盾、消弭战乱和冲突"。"国家之间要构建对话不对抗、结伴不结盟的伙伴关系。大国要尊重彼此核心利益和重大关切，管控矛盾分歧，努力构建不冲突不对抗、相互尊重、合作共赢的新型关系。""大国对小国要平等相待。""应该全面禁止并最终彻底销毁，实现无核世界。""要秉持和平、主权、普惠、共治原则"外，还从反面对霸权、战争、核威胁、零和博弈思维加以否认，"不搞唯我独尊、强买强卖的霸道"；"任何国家都不能随意发动战争，不能破坏国际法治，不能打开潘多拉的盒子"；"把深海、极地、外空、互联网等领域打造成各方合作的新疆域，而不是相互博弈的竞技场"。话语收缩，排斥了反面观点，强化了"对话协商，建设一个持久和平的世界"的"责任共同体"。

③愿望共同体

在以下第四部分关于中国政策走向的承诺中，通过"（中国的）决心、（中国）将"等表愿望的情态，建构"愿望共同体"：

[30]中国人始终认为，世界好，中国才能好；中国好，世界才更好。面向未来，很多人关心中国的政策走向，国际社会也有很多议论。在这里，**我给大家一个明确的回答**。

[31]第一，中国维护世界和平的<u>决心不会改变</u>。

[32]数百年前，即使中国强盛到国内生产总值占世界30%的时候，也从未对外侵略扩张。1840年鸦片战争后的100多年里，中国频遭侵略和蹂躏之害，饱受战祸和动乱之苦。孔子说，己所不欲，勿施于人。中国人民深信，只有和平

安宁才能繁荣发展。

[33]**中国将**始终不渝走和平发展道路。无论中国发展到哪一步,中国永不称霸、永不扩张、永不谋求势力范围。历史已经并将继续证明这一点。

[34]第二,中国促进共同发展的**决心不会改变**。中国发展得益于国际社会,中国也为全球发展做出了贡献。**中国将**继续奉行互利共赢的开放战略,将自身发展机遇同世界各国分享,欢迎各国搭乘中国发展的"顺风车"。

[35]1950年至2016年,**中国**累计对外提供援款4 000多亿元人民币,今后**将**继续在力所能及的范围内加大对外帮扶。国际金融危机爆发以来,中国经济增长对世界经济增长的贡献率年均在30%以上。未来5年,**中国将**进口8万亿美元的商品,吸收6 000亿美元的外来投资,中国对外投资总额将达到7 500亿美元,出境旅游将达到7亿人次。这**将**为世界各国发展带来更多机遇。

[36]中国坚持走符合本国国情的发展道路,始终把人民权利放在首位,不断促进和保护人权。中国解决了13亿多人口的温饱问题,让7亿多人口摆脱贫困,这是对世界人权事业的重大贡献。

[37]我提出"一带一路"倡议,就是要实现共赢共享发展。目前,已经有100多个国家和国际组织积极响应支持,一大批早期收获项目落地开花。中国支持建设好亚洲基础设施投资银行等新型多边金融机构,为国际社会提供更多公共产品。

[38]第三,中国打造伙伴关系的**决心不会改变**。中国坚持独立自主的和平外交政策,在和平共处五项原则基础上同所有国家发展友好合作。中国率先把建立伙伴关系确定为国家间交往的指导原则,同90多个国家和区域组织建立了不同形式的伙伴关系。**中国将**进一步联结遍布全球的"朋友圈"。

[39]**中国将**努力构建总体稳定、均衡发展的大国关系框架,积极同美国发展新型大国关系,同俄罗斯发展全面战略协作伙伴关系,同欧洲发展和平、增长、改革、文明伙伴关系,同金砖国家发展团结合作的伙伴关系。**中国将**继续坚持正确义利观,深化同发展中国家务实合作,实现同呼吸、共命运、齐发展。**中国将**按照亲诚惠容理念同周边国家深化互利合作,秉持真实亲诚对非政策理念同非洲国家共谋发展,推动中拉全面合作伙伴关系实现新发展。

[40]第四,中国支持多边主义的**决心不会改变**。多边主义是维护和平、促进发展的有效路径。长期以来,联合国等国际机构做了大量工作,为维护世界总体

和平、持续发展的态势做出了有目共睹的贡献。

[41]中国是联合国创始成员国,是第一个在联合国宪章上签字的国家。**中国将**坚定维护以联合国为核心的国际体系,坚定维护以联合国宪章宗旨和原则为基石的国际关系基本准则,坚定维护联合国权威和地位,坚定维护联合国在国际事务中的核心作用。

[42]中国—联合国和平与发展基金已经正式投入运营,**中国将**把资金优先用于联合国及日内瓦相关国际机构提出的和平与发展项目。随着中国持续发展,中国支持多边主义的力度也将越来越大。

通过"我"回答,"内聚焦"到参与者中国的"决心",把"中国在维护世界和平、促进共同发展、打造伙伴关系、支持多边主义"四方面的"决心不会改变"加以显性主观表述,在语势上扬升,聚焦于中国的决心。在每一个"中国决心"的进一步表达上,又使用"将"言语行为情态,如在[38]的"第三,中国打造伙伴关系的决心"方面,[39]中连续用"将":"中国将努力构建总体稳定、均衡发展的大国关系框架,积极同美国发展新型大国关系,同俄罗斯发展全面战略协作伙伴关系,同欧洲发展和平、增长、改革、文明伙伴关系,同金砖国家发展团结合作的伙伴关系。中国将继续坚持正确义利观,深化同发展中国家务实合作,实现同呼吸、共命运、齐发展。中国将按照亲诚惠容理念同周边国家深化互利合作,秉持真实亲诚对非政策理念同非洲国家共谋发展,推动中拉全面合作伙伴关系实现新发展。"连续使用"中国将"使中国以文本世界参与者角色,与世界各国形成对话协商,引导世界各国和中国一起建构新型大国关系,共同实现"同呼吸、共命运、齐发展"的愿望,构建"愿望共同体"。

④**命运共同体**

第五部分的第[43]段提到中国在日内瓦特殊的记忆和情感时,提及日内瓦会议、中国恢复在联合国的合法席位、参与热点问题解决、举办奥运会等历史事件,提到中国在解决和平重大、重要、热点问题方面,贡献了中国智慧、提供了中国方案、做出了中国贡献、呈现了中国精彩、体现了中国价值,对"人类命运共同体"(Community of Shared Future for Mankind)建设的贡献,建构了中国对人类美好未来的贡献,展现了中国的美好形象,在美学亚世界,与在场的世界各国构建"人类命运共同体"。

第六部分第[44]段重申"构建人类命运共同体是一个美好的目标"(信仰),

"需要一代又一代人接力跑"(责任),表达"中国愿同广大成员国、国际组织和机构一道,共同推进构建人类命运共同体的伟大进程"(愿望),把信仰共同体、责任共同体和愿望共同体一起构成"人类命运共同体"。

自我提及等指称在主体视角上的"聚焦",言语/思维行为标记语及其转喻(语码标注语、逻辑关联语等语篇语用元话语),使得作者和读者一起,在认识亚世界中阐述、转换或结束话题,进行概念命题阐释和语篇组织,使话题具有理据性,构建出"认知共同体"。言语/思维行为情态(强调语、模糊语、态度语)的使用,表明作者对命题的情感、态度,"聚焦"到信仰亚世界、目的亚世界、愿望亚世界,对"信仰共同体""责任共同体""愿望共同体"进行协商建构;在美学亚世界,建构了"命运共同体",这样,由当前主体在当前话语世界,完成中国和联合国各国对"人类命运共同体"的话语建构。

言语行为及转喻等语篇语用元话语的使用,遵循清晰原则、可理解原则、关联原则,诉诸理性;社会情感、社会判断和美学鉴赏的介入,遵循合作原则、社会原则、美学原则,达到诉诸情感和诉诸伦理的语用修辞效果。但在具体的哪些语步、步骤中使用怎样的言语行为及转喻,用什么语用元话语达到什么语用修辞效果? 这些问题,都和元话语的语用修辞有关,受当前语篇的修辞语境限制,即受篇章修辞限制和人际修辞限制限制(Leech,1983),反映主体的修辞意识(Ädel,2006:43;李发根,2012),需要借助修辞学研究。

4.3.4 修辞模式

元话语是对基本话语的组织,介入情感、态度,与想象的读者进行认互动,实行态度协商。元话语不增加命题内容,往往突出的是形式,重点突出文体特征、修辞特征,诉诸理性、情感和人品,达到劝说的修辞效果,与读者或听众形成同情同一(Identification by Sympathy)、对立同一(Identification by Antithesis)和形象的投射误同(Identification by Inaccuracy),由同一求认同,构成"同体"(Consubstantial)、构建出"共同体"。

(1) 经典修辞模式

元话语通过理性诉诸、情感诉诸和人品诉诸,达到对读者的劝说效果。通过语篇架构语、逻辑关联语、证据语、语码注释语、指示语,对概念进行解释,构成清晰的可理解语篇,使读者易于接受,达到理性诉诸。通过情态动词、形容词、副词表达情感,诉诸情感。通过话语方式,由言语行为动词(如 I believe, I advise, I hope),或副词(如 frankly, unfortunately)表达对内容概念的社会评判,投射出自信、坦诚等形象,构成人品诉诸。

(2) ESP/EAP 修辞模式

ESP/EAP 修辞模式聚焦如学术领域的特殊领域宏观语篇修辞结构,包括语步和步骤。论辩结构中的语步由文本交互型元话语(Interactive Metadiscourse)的语篇架构语(如 firstly, secondly, thirdly)、逻辑关联语(如 in addition, and, but, thus…)、指示语(内指语如 noted above;外指/言据、传闻语如 according to…)等语篇衔接形式,标识语步和步骤空间,在语篇层面对顺序关系做出阐发、因果关系做出推导、转折关系做出对比,引导读者达到意义理解,向读者诉诸理性(Logos)。如以上演讲语篇中的起始语步、问题提出语步、问题叙述语步、观点阐释语步和结束语步就是由这些元话语构建。

在语步中,作者通过人际互动型元话语标记语(Interactional Markers)(Hyland, 2005:49),用介入语和人称提及语,通过情态(强调语、模糊语)、证据语、态度语,介入主体情感、判断和鉴赏,到达诉诸情感和伦理的劝说效果(张德禄,贾晓庆,雷茜,2015:6-7)。具体可用表确信、愿望和目的的言语/思维行为及其转喻(转述)、情态(如 I promise, I will, I should)和读者做出情感交流,在心理上引起读者情感反应,使受话者动情,产生情感共鸣,达到诉诸情感(Pathos)。投射到情感社会域,对个性、人品做出评价,达到诉诸人品(Ethos)的修辞效果(Hyland, 2010)。

自我提及语(I, we…)使听者以个体化身份参与到话语事件中,成为话语共同体的内群体成员。介入语由感知、认知动词与第二人称一起,唤起听者的注意,对听者发出指令,使听者采取行动(如 consider, note, imagine, you can see that…)。情态由强调语(如 in fact, clearly, definitely, I think we are driven to conclude that…, I cannot doubt that…, I am strongly inclined to suspect that…, it seems pretty clear that…, we must believe that…),以坚定的语气表达出言者自信、果敢的心理,强调言者责任、愿望或目的;模糊限制语(如 I think it probable that…, I am doubtfully inclined to believe that…)以缓和语气表达出言者谨慎、真诚的心理。而态度语(如 I agree, unfortunately…, remarkably, credibly)表达主体对事件、人物的正常性、能力、可靠性的社会评价,展现言者的

第四章 话语共同体文体修辞研究的元话语模式

权威、守信形象,诉诸人品,塑造、投射英雄等形象。以上标记语往往结合在一起,如自我提及语与态度、情态的结合(I believe strongly that…),表达对能力的自信,共享愿望(如 Let us hope that…)(Hyland,2005:63-71,77,83,154)。

人际互动型元话语有级差,使概念意义分级,引起语势的扬升降抑或聚焦的明显与模糊,使话语空间收缩或扩展,给主体留下对话空间。强调语(如 in fact, obviously)表同意、赞同,如宣称(proclaim)和否认(disclaim)一起,形成话语空间的收缩;模糊语(如 it seems that…)、证据语(如 it is said that…)对话语做出引发,形成话语空间的拓展(Martin & Rose,2005:92;Östman & Verschueren,2011:28-33;刘立华,2010:58),强调语、模糊语是对语势的聚焦或模糊。元话语的修辞分类及修辞功能见表4.7。

表4.7 元话语的修辞分类及修辞功能

文本交互型元话语	示例	经典修辞模式	ESP/EAP修辞模式	新修辞模式
语篇架构语	firstly, secondly, lastly	诉诸理性	起始语步、主体语步、结束语步。某一语步空间的具体步骤,对顺序关系做出阐发、对因果关系做出推导、对转折关系做出对比,有理有据地引导读者达到意义理解和确信	认知同一(引导听众视角的共同转移,产生共同的感觉、知觉、判断的认知反应,形成认知上同一)
语码注释语	namely, for example			
逻辑关联语	furthermore, if…then, in addition, and, thus, but			
指示语	noted above			
证据语	according to… it is reported that…			
人际互动型元话语	示例	经典修辞模式	ESP/EAP修辞模式	新修辞模式
强调语/模糊语	must/can/may…, certainly/probably, be determined to/will should/need to	诉诸情感(情态) 诉诸人品(真诚、可靠等)	在某一步骤空间引导读者达到情感共鸣,形成道德评价	同情同一(表达类似的情感反应,感同身受,由移情形成同情同一)

073

续表

人际互动型元话语	示例	经典修辞模式	ESP/EAP 修辞模式	新修辞模式
提及语 态度语 介入语	I/we(claim, believe, advise), (I) agree, (I) promise (You) consider, (You) note that…, (You) can see that…	诉诸人品（展示主体的能力、信念、能力等）	在某一步骤空间引导读者达到人性、人品、道德责任等社会评判	无意识同一（在社会道德、价值观评判方面形成无意识同一）
评价语	frankly, unfortunately	诉诸人品		

（3）新修辞模式

新修辞模式聚焦对读者产生的同一修辞效果。专业训练形成"术语屏"，形成交际的不协调。通过隐喻等修辞，进行视角转换或反转，使修辞者与听众形成"同情同一""对立同一"和"不准确同一"或"无意识同一"，从而取得读者的认同。认同是从不协调共同体单元向建构平衡单元转换的社会认知过程，是建立在体验哲学基础之上的认知的、情感的和态度的同一过程，这一"共同体"构建过程可以通过元话语的修辞实施（Hyland，1996，1998，1999）。

体验哲学基础

体验哲学是修辞学和认知语言学的理论基础，体现为体验观、注意观和突显观。修辞是体验的，"修辞……是运用作为符号手段的语言，在那些本性上能对符号做出反应的动物身上诱发合作"（伯克，1950：41-43）。"诱发合作""训练出来的无能"的修辞行为，"不协调而获视角"的感知、认知、注意、范畴、概念过程，"戏剧性五位一体"事件图式（Pentad），是人们在对客观世界感知和认知加工而形成的重复的经验形式，具有丰富的体验哲学思想（邓志勇，2016），体现了体验哲学的三项基本原则：心智的体验性、认知的无意识性和思维的隐喻性（Lakoff & Johnson，1999）。修辞者与听众通过体验，使用戏剧隐喻图式，形成"同情同一""对立同一"和"无意识同一"，由"同一"形成认同，由认同构成"同体"。

修辞者在劝说听众时，往往使用元话语的修辞方式，形成认知、情感和态度的"同一"。使用语篇架构语引导读者的视角，用语码注释语、逻辑关联语、指示语与读者分享自己的亲身经历，或由证据语达到认知的"同一"。类似的认知体验,能引导听众跟着修辞者的思绪走,使听众感觉自己如同修辞者所描绘的那样,产生共同的感觉、知觉、判断的认知反应,视角融合,形成认知上的"同一"。

类似的情感反应,感同身受,由移情形成"同情同一",如表示可能性、通常性、意愿和责任的强调词,包括戏剧隐喻图式中的动作,性状、方式的转指(情态动词、形容词和副词如 must, it is required that..., certainly)。共同反对、否认(一)某一命题、观点,或面对共同的敌人、挑战(如气候),或情感上的共同反感、憎恶,在极性上形成"对立同一"。

在命题的"是"与"否"之间存在连续体,量值不同情态的使用(广义的情态动词、形容词、副词等,如 probably, usually),使听众在与修辞者的协商中不知不觉中入戏,接近修辞者所描述的人物、英雄或圣者,使听众与修辞者之间形成"不准确同一"或投射误同。这一不知不觉的过程是无意识过程,在不知不觉中形成价值观和意识形态的"同一",又称为"无意识同一"。

注意的视角(注意观)

人们在成长过程中受到所属社团和教育的限制,所学的语言词汇也不一样,因此,掌握了特定的职业术语,构成不同的术语屏,而这种术语屏制约了人的认知,就形成了"职业心理"(Occupational Psychosis)、"训练出来的无能",从而导致"词屏"(Terministic Screen)效应,就像戴了有色眼镜,在拥有领域特长的同时也固定了视角。伯克(Burke,1969:50)指出"这些术语必定形成一个相应的屏,任何这样的屏都将把人的注意引向某个领域而不是其他领域。在这个领域里,可能还有不同的屏,每个屏都各有引导注意的方法,决定观察的视角范围,因为这个范围蕴含在特定的词汇之中",从形成固有的图式(Schemata)、框架(Frame)。在现实中,人们往往把某一个特定范畴的词语挪用于另一个不同的范畴里,产生认识不协调,"不协调而获视角"(Perspective by Incongruity),从而获得新的理解角度,如隐喻的视角、转喻(转述/转思)的视角、提喻的视角(提及)、反喻的视角,所以"修辞学是认知性的"(Scott, 1967)。与认知批评语言学相似,新修辞学以隐喻、转喻、提喻及反语四大修辞格,对社会现实加以揭示和建构。隐喻是"从 B 事物的角度来看 A 事物,当然是把 B 事物当作一个看 A 事物的视角"(Burke, 1950:503-504),是换一种视角,用其他事物来看某个事物的方法,如语码注释语(Namely)的使用。转喻使用临近事物或成分,用简约的形式表述出来,采用的是相关联的视角,如语篇架构语、逻辑关联语、指示语,按照时空、逻辑的关联性,引导读者或听众的视角。提喻是部分代整体的"以偏概全"视角,如提及语,包括人称提及、文献提及、名人轶事提及等。反语是一个多视角的视角(Perspective of Perspectives),体现各种不同声音的对话性(邓志勇,2016:46),证据语(转述、转叙),如自由间接引语,往往把作者与其他不同声音融合,因此就有了反讽的效果。

视角上,由"聚焦"形成"同一"。语篇交互式元话语中,语篇架构语(firstly…)、逻辑关联语(furthermore…)、语码注释语(namely…)、指示语(noted above),往往用摄像式"零聚集"视角,客观地引导读者对语篇架构,对概念命题做出理解,形成认知上的"同一"。人际互动式元话语中,评价语(frankly)、强调语、模糊语中的情态副词(probably, usually)也是由"零聚集"视角,达到"同情同一",但这些情态更多的是由"内聚集"视角,由提及语(我、我们、你)和强调语/模糊语、介入语(如 I will, you can see that…),形成"同情同一"。提及语与态度语共现(如 I think, I suggest, I hope),"内聚集"到故事人物,形成视角融合,形成对内群体的价值观赞同、外群体意识形态的排斥,形成"无意识同一"。在共同反对、否认中形成"对立同一"。第三人称(如 it is likely, it is unfortunate that…)d "外聚焦"视角,更加客观可信。

动机的突显(突显观)

突显是心理图式中的图像—背景的突显,是图式、框架中成分的突显。通过戏剧隐喻图式中的五个基本要素的突出使用,显现修辞动机。图式包括场景(Scene)、行动(Act)、行动者(Agent)、目的(Purpose)、工具(Gency),五个因素两两组成二十对关系,其中与目的关联的某种因素在使用频率量上的突出使用,突显出修辞动机,因而是有动因的突显。在动机语法组织结构和关系中,由场景—目的、行动者—目的、行动—目的、工具—目的,突显出共同体目标的历史背景、行动方案、主体、手段。在共同体话语叙述中,场景的突出使用,通过描述共同的人文风景、历史背景,突出演讲主题、写作的动机。在学术写作中,开始部分往往提供写作背景,提出现实背景中存在的问题,进而提出本研究写作的动机和主题,再为动机提供合理化、合法化策略。如果突显的是行动者,就可对作者的身份进行展示,作者可以是文献综述者、评论者、论辩者、阐释者,并通过如人际互动元话语的人称与强调语(模糊语)、态度语、评价语的共现,突显出学术身份、社会文化身份(如性别)。对行动的言语行为及转喻(转述)的突显,通过对证据语、态度语的言语动词分析,可以解释作者意在和读者建立关系的修辞动机。如果突显的是研究工具,则突出研究方法上的创新。

戏剧隐喻分析图式(隐喻观)

五位一体的戏剧隐喻分析图式与认知语言学的旅行"事件结构隐喻"图式(表4.8)(Lakoff,1993:220-228)在语义概念结构上有异曲同工之处,一个是基于戏剧事件,一个是基于旅行事件,只是旅行隐喻在行动方面,除了人的行动,还包括了非人的因素:运动、动因、障碍,是具有更加普遍性的抽象图式,但两者关于体验哲学观、注意观和隐喻观,可谓殊途同归,深层次上,两者的认知理据相同(邓志勇,2016:44)。

表4.8 五位一体的戏剧隐喻图式与旅行"事件结构隐喻"图式

五位一体(Pentad)的戏剧隐喻	旅行"事件结构隐喻"
场景(Scene)	状态是位置(即有界限的空间区域)(States are locations)
行动(Act)	变化是运动(Changes are movements, into or out of bounded regions)
	动因是力量(Causes are forces, controlling movement to or from locations)
	行动是自动推进的运动(Actions are self-propelled movements)
	遇到的困难是运动中的障碍(Difficulties are impediments to motion)
目的(Purpose)	目标是目的地(Purposes are destinations)
工具(Agency)	方式是(通向目的地的)路径(Means are paths to destination)
行动者(Agent)	预期进展是旅行计划;计划是实际上的旅行者,他在预定时间到达预定目的地(Expected progress is a travel schedule; A schedule is a virtual traveller, who reaches prearranged destinations at pre-arrived times)

在语法操作层面,新修辞学采用动机语法进行分析。由组成因素的关系突显,对人的行为的修辞动机进行阐释,而认知语言学则通过认知语法的词汇语法对句法、语篇和人际关系的机制、功能进行阐释。Leech(1983)认为,通过言语的情感态度表达影响人的行为不应限于语法,应受到语言使用的修辞限制,包括人际修辞(Interpersonal Rhetoric)和语篇修辞(Textual Rhetoric),属于语用学范畴,受语用原则制约。修辞的研究也不能限于语义、语法层面,需要拓展到语用交际层面,置于社会文化语境中,如社会戏剧模式、基于言语事件(行为)转喻

的社会认知平衡模式(或语用平衡模式)。

"同一"的社会认知平衡过程

诱发合作的修辞行为就是引导听众视角融合,从两者不协调的图式,不平衡的认知情感单元向"同一"的平衡的单元转换的社会认知构建过程,涉及主体与对象之间组成的三角平衡单元关系 A—X—B 模式(Newcomb,1953),其中包括两个交际主体(A—B,即说话者和听话者,或作者和读者)和对象 X,A 的情感认知系统,B 的情感认知系统与 X 组成一个复合系统八重状态(张立新,2011),构成修辞的社会认知平衡模式,包括视角的、认知的和情感的"同一",由"同一"形成"同体"。

四大修辞格的视角,隐喻的换位视角、转喻的临近关联视角、提喻的以小见大视角、反语的反转视角转换,由作者通过语篇架构语、逻辑关联语、语码注释语、指示语的拟人隐喻实施,这些零聚焦元话语,以及内聚焦视角的人称提及语的转喻形式(我/我们),证据语的多方位视角(According to X),引导读者在视角上跟随作者,把主体间不平衡、不协调图式进行视角融合,把不同图式进行并置、关联、拓展收缩、反转,由同情、对立、不准确"同一",达到单元平衡,构成"同体",这样,就把辞格使用从修辞技巧提升到社会认知层面。

认知和情感(制度化情感,即态度评价)在主体间形成"对立同一""同情同一"和"不准确同一"。新修辞学聚焦行为的"同一"或"同质"过程,质包括物理世界的几何质,形成认知上的"同一"。职业、朋友中存在亲属质,其中的情感涉及强调语(模糊语)、态度语和评价语,形成同情同一。信仰、价值是抽象质,由态度评价表达,通过诱发合作,形成无意识同一。三同一的认知情感平衡过程的关系变化,由语篇架构语、逻辑语、指示语,在方式上的简洁、明晰表达,以最小的努力获得认知情感平衡的最佳效果。

共同体的文体修辞构建

文体的语言学研究关注语言、认知结构的"偏离"使用特征,包括质的偏离(如创新隐喻的使用)和量的偏离,在心理上产生的有动因的"突出",形成的认知、情感反应和以此形成的"前景化"主题,以及产生的社会评价或美学鉴赏的文体效果。功能文体学通过语言特征,从概念、语篇和人际功能对文体特征和效果做出解释;认知文体学从隐喻、心理空间、文本世界等结构特征解释读者的心理反应和认知效果;语用文体学通过交际中的言语行为、转述、关联、礼貌等语用特征解释语用效果,以及身份、人际关系的建立。

第四章 话语共同体文体修辞研究的元话语模式

修辞学和语言学都认为体裁是规约化结构,是社会的反映,但修辞学视域下的文体或体裁在定义、分类、分析工具等方面不同于语言学。亚里士多德的古典修辞学从法庭、议会和典礼三种修辞语境出发,把修辞学分为法学修辞、议政修辞、宣德修辞三种体裁形式,提出论辩的五艺说和体裁结构,以及通过劝说所达到的诉诸理性、诉诸情感和诉诸人品的修辞效果。ESP/EAP 修辞学家巴蒂亚(Bhatia,1993:1)把体裁定义为:

可识别的**交际行为**,其特点是具有一套交际目的,这个目的在该体裁经常出现的专业或者学术团体中,并为该**社团**成员所识别和理解。通常,体裁在内容、位置、形式以及功能价值方面具有规定限制,显示出高度结构化和规约化。

通过有目的的交际行为赋予内在结构,构成有一定语步、步骤的修辞结构。新修辞学的核心是用语言等符号去诱发听众合作,即用符号使听众像修辞者那样所思、所言、所行,因此,"体裁"是指修辞者为说服听众、诱发听众合作而形成的在内容及形式上显现高度结构化和规约化的典型话语形式(邓志勇,2015)。

在体裁描写和诠释的工具或范式上,修辞学特别是当代新修辞学,采用的是戏剧主义的五维一体分析范式,在体裁上使用的是戏剧隐喻图式,由场景、行动者、行动、工具(或手段)、目的五要素构成,要素在量、质和关系上的突出使用,揭示出修辞行为的动机,即为说服听众合作,形成"同一"的修辞效果,构建"同体"(如学术共同体)的动机。因此,在这些向度上的突出使用,表征出修辞特征和体裁类型,突显修辞动机,从而突显出体裁类型,如突出政治场景的竞选演讲,突出工具性的说明书,等等。

从戏剧主义五维一体图式出发分析修辞形成的合作动机、交际者"同一"效果形成,突破了语言修辞格的结构主义文体观。偏离不只是从语音、词汇语法到方言、外来语的语言系统(语言世界)偏离,而且是在物理世界、心理世界、社会世界的偏离,与功能文体学及物世界的四大过程呼应。戏剧隐喻图式中的因素和关系偏离使用,对动机的突显,视角变化引导读者注意从认识亚世界到态度亚世界转移,隐喻修辞、语篇世界等概念与认知文体学形成交集。修辞交际中的"诱发合作"动机和三"同一"效果形成,类似于语用文体学的语用效果。修辞学采用的动机语法、语步分析等修辞工具,和隐喻图式与概念隐喻、语篇隐喻和人际隐喻相似,但总体上突出的是"诱发合作"动机,"同情同一""对立同一"和"不准确同一"效果。

(4) 元话语修辞构建

元话语方面,戏剧主义五位一体戏剧隐喻图式的使用,"不协调而获视角"的视角观,引导听众视角跟随;而独特的视角,表征出文体修辞特征,如在学术语篇中,修辞者突出使用语篇架构语、指示语、逻辑关联语、语码注释语,突显出心理世界(认识亚世界),在语篇修辞结构上清晰的语步、步骤,形成学术共同体。自然科学语篇中(如生物等科技),强调语的使用,突显出学术共同体特征。社会科学语篇(如语言文学、哲学、政治)中模糊语、态度语、评价语、提及语和人际互动元话语的特殊使用,突显出社会世界(态度亚世界;信念、目的、愿望,如 I think/hope/suggest that …),表征出社会科学的人际修辞特征,体现出人际合作的协商性,由"同情同一""对立同一"和"不准确同一",构建出学术"共同体"。在跨文化语境中,表现出文化差异性,构建成跨文化的学术话语共同体。

诱发合作的"质"的同一与语用合作原则中的质等准则不同,但又相通,如质的准则,真值(+/-)、真实、真诚,可以解释同情同一(+)或对立同一(-)关系,量的准则可以解释模糊语、态度语(情态)的"不准确同一",从而把动机语法、动机修辞提升到语用修辞层面。

语用修辞层面上,言语事件(行为)隐喻/转喻沟通了新修辞学研究和语用研究,包括事件间的隐喻映射、事件内的转指;在语篇修辞上,由事件内外的转喻,构成语篇结构的语步和步骤。事件间的隐喻,如"构建人类命运共同体"的政治演讲,主要以劝说、建议突显指令类言语事件,但在起始语步中阐述历史背景(断言类言语事件),通过场景,把阐述类言语事件与主体语步的指令类事件、结束语步的表达类事件,由转喻的临近关系,组成语篇修辞结构。

事件内部,这些因素可纳入言语行为场景(Speech Act Scenario)(Panther & Thornburg,1998:759),目的可列入事前部分(包括能力、意愿、动因),行为及工具(方式)可列入事中部分,事后包括情感反应和评价,各部分通过转喻关系构成事件场景,其中某一部分的突显,可转指行为意图,如历史、现实和未来的场景的突显,突出"构建人类命运共同体"的迫切需要。转喻间有语力级差,事中是核心,语力最强,事前或事后的转指语力较弱。

言语事件(行为)转喻符合修辞是人们利用语言符号诱发合作的论断,并可以对"同一"形成做出解释。合作原则中的质准则(真实与否)可以解释"对立同一"。事前、事后、事中的言语行为(情态)之间存在级差,人们使用不同语力转喻

第四章 话语共同体文体修辞研究的元话语模式

的修辞行为,可以用来解释"同情同一"。行动者的指称转喻,内"聚焦"视角(我、我们)形成群内赞同的"无意识同一"。

"同一"关系是否能形成,还取决于主体间关系,Richards & Ogden(1923)在《意义之意义》中关于对狗的经典例子被反复引用。如果主体关系亲密(如教授与邻居是好朋友),他们都喜欢(或不喜欢)狗,便形成"同情同一"(或"对立同一")。如果教授和邻居关系不好,也未必形成"同一"关系。如果教授不喜欢养狗,而邻居又喜欢,在教授和邻居关系不好情况下,也可能形成同一关系。在东西方跨文化语境中,由于文化语境的高低值差异或者存在对立关系,主体间关系有强弱或聚合分离之分(+/−),要使主体间形成"同一",可以通过对立"同一"(+/−),或使用高中低值不同的言语情态(强调语/模糊语),使不平衡的单元转换为平衡的共同体单元,我们将在跨文化语用修辞的部分加以详细阐释。

本章小结

元话语的使用能突出语篇组织特征,表达主体所共构的态度和主题,在作者和读者间构建出共同的体裁、文体,同时构建出具有特定关系的共同体。从话语的三大元功能出发,系统功能模式把元话语分成篇章元话语和人际元话语以及十大次类,但整体上有相互隔离之嫌,有的次类相互重叠,并没有突出人际互动功能,为此,本章从人际评价功能出发,从多声性介入、介入的态度内容和级差,提出了更为系统性和整体性的分类,并对共同体话语做了个案分析。从主体互动性出发的另一模式分类是反身性模式,强调主体性和主体交互性,形成主体间性模式分类,分类遵循反身性意识、语篇世界、当前语篇、当前作者(和当前读者)四原则,通过元话语,构成指示亚世界、认识亚世界和态度亚世界(信仰、目的和愿望)。反身性意识在交际过程中体现为元语用意识,分为语篇语用的和语用交际的,确信、指令、许诺、表达类言语行为,在语篇世界中构建出认知共同体、信仰共同体、责任共同体和愿望共同体。语用交际中,言语行为及转喻等元用标记语的使用,受清晰性、可理解性等篇章修辞,受合作原则等人际修辞的一系列语用原则和修辞语境制约。从经典修辞学的三"诉诸"到新修辞学的三"同一",元话语的文体修辞,特别是语用修辞,对共同体的"同一"修辞效果修辞、同体构建,能做出很好的解释。

第五章 共同体的元话语语用修辞研究

"话语共同体"文体的元话语建构包括了从语音到词汇语法，从语篇结构到语用和修辞的各个层面。本章从言语事件转喻的语用修辞层面，对元话语的分类、功能、同一形成和同体建构的语用修辞平衡过程做出解释，以此建立话语共同体的元话语语用修辞分析范式。

5.1 语用与修辞

语用学与修辞学关系源远流长，既相互联系，又各有不同。两者研究的对象都是言语现象，都讲语言的使用。修辞学研究修辞者对语音、词汇、语法等要素的应用技巧，语用学是对言语、认知、社会的综观性研究，或者是对指示、言语行为等"分相研究"。但两者在理论渊源、研究对象、目标和范式上又不尽相同。

早在古希腊、古罗马时期，人们就应用雄辩术，包括语用策略和修辞策略，进行议会、法庭和典礼演说，研究如何觅材取材、谋篇布局和凝练风格等等。经典修辞学派注重言辞技巧，特别是文学中的修辞技巧。亚里士多德以后的修辞学研究，多为对经典理论进行加工改造，无太多建树，修辞学的地位逐渐为文体学所替代。20世纪后半叶以来，随着心理学、语言哲学、行为主义科学的发展，修辞学得以复兴，形成以伯克为代表的新修辞学派。基于分析哲学的语用学，从言语行为转喻等语用现象研究言语交际中的修辞，研究从动机语法提升到了语用层面。修辞的语用研究，势必影响、丰富和推动语用学发展，而语用学内容，如言语行为转喻，也为新修辞学的分析提供新范式借鉴，两者相互关联。

学术思想上，语用学中的言语即行为，是以言指事、以言行事和以言成事的三合一过程，与新修辞学中的利用符号实施行为的思想一致，因此，言语行为理论被德国法兰克福大学的哈贝马斯运用于修辞学研究，研究言语行为所需要的

第五章 共同体的元话语语用修辞研究

条件、应遵循的原则以及交际双方所采取的角色、态度。语用学的言语行为的三层次分析，有助于我们对修辞过程的解释。言者（作者、修辞者）的表意行为、对听者（读者、听众）的以言行事行为，以及听众产生的言后行为、反应过程，既是话语的生成过程，又是说写者和听读者通过话语进行交际的过程，这一观点同修辞学中的行为主义和言语交际论相通。语用学中运用合作原则、礼貌原则进行人际关系管理的核心问题（陈汝东，1996），与新修辞学中修辞者的"诱发合作"，引导、影响读者像作者那样所思、所感和所为，以建立同体的核心问题一致。但是，修辞学，特别是传统修辞学重在修辞格，从结构主义语言学出发归纳出隐喻、反语等词汇语法的各种格式及其小类的具体功能和效果，而言语行为理论至少可以对一部分修辞现象，如对隐喻、转喻等等，在理论上从语义（概念隐喻）、语法层面提升到语用层面（言语行为转喻），做出更为符合修辞本质、特征的分类、解释。

两者都关注言语使用的主体和主体关系。语用学研究说话者如何用言语来达到成功的交际，也就是经典修辞学的劝说技巧，以及理性、情感和人品的诉求。语用学还从听话者角度研究意义如何理解，交际意义的认知、关联问题，也就是新修辞学关注与听众达成的"同情同一""对立同一"和"不准确同一"。语用学研究双方的交际互动和人际关系管理，也就是新修辞学的"同体"关系构建过程。

研究对象和工具方面，语用分相论以指示语、前提、会话含意、言语行为、会话结构等作为基本分析单元，以这些言语构成的图式（如言语行为转喻图式），分析语用意图和语用认知效果（何自然，2000）。修辞学，特别是新修辞学，往往基于隐喻、转喻、提喻和反语四大修辞格，以动机语法为分析工具，分析修辞动机和"同一"修辞效果。修辞学的"诱发合作"动机与语用学的合作原则和语用意图相通，同情等三"同一"效果与言语行为的以言指事、以言行事和以言成事三种效果相通。从纵观论角度看，言语的认知、社会和文化的语用功能研究（Verschueren,1995），也就是新修辞学的戏剧主义批评分析、社会运动分析内容等等。跨文化语用交际，也就是跨文化修辞对比研究。

在语用、修辞效果方面，奥斯汀把言语行为分为以言指事、以言行事和以言成事三种效果，如承诺类言语事件（行为）是一种以言行事行为，这一行为意图为听者理解、接受时，才能产生以言行事效果，使听者产生满意、高兴、安全的情感反应，产生以言成事的效果，形成承诺行为的成事语用效果，即新修辞学的"同一"的接受效果。表意行为（Locutionary Acts）、以言行事行为（Illocutionary

Acts)和以言成事行为(Perlocutionary Acts)效果的统一,形成修辞的表达效果、接受效果(何自然,2000)和"同体"构建的统一。

5.2 元话语的语用修辞模式

　　元话语具有三大元功能,体现主体的反身意识或元语用意识,存在于语篇功能和人际功能构成的情景语境中,受系统功能语法、语用修辞限制,与具体语域、语类和语体相关。元话语在不同语域中表现出相应的变体,即相应语用文体形式,体现主体的文体(语体)意识。元话语使用时,其变体处于语用修辞语境中,受篇章修辞和人际修辞限制,体现了作者在语篇中所表现出来的语用和修辞方法(Crismore, 1989; Hyland & Tse, 2004)。作者在言语交际中,通过语用修辞形式,诉诸理性、情感和人品,实现劝说的修辞功能,诱发读者合作,与其形成同一,构建同体关系。

　　作者在使用元话语标记语引导读者进行有效交际时,受到语用修辞原则的制约。人际修辞的合作、关联、礼貌等原则制约作者对词汇、语法的选择使用,对作者做出输入限制,使其选择一定的言语行为转喻等语用标记语(人际互动型元话语),引导读者(听者)从当前话语世界进入语篇世界和态度亚世界,包括信仰、目的和愿望亚世界,进行态度协商。作者在用语篇语义向读者传递信息时,受篇章修辞输出限制,遵循可理解性、关联、清晰、经济等原则,由语码注释语、逻辑关联语、指示语等文本交互型元话语建构概念命题,由架构语组织语篇空间,引导读者(听者)做出语义、语法、语篇的理解。

　　结合反身性三角模式(Ädel, 2006:60-61)和交际中的语用修辞,我们把它发展为层级性语用修辞模式(Leech, 1983:59)。言语事件的话语主体通过指示明示,引导读者进行视角上的"聚焦",进入认知亚世界,由阐述类元话语(时序叙述、解述、详述、回述等)对概念命题编码注释、提供证据、组织语篇,诉诸理性。指令类、承诺类和表达类言语行为及转喻(转述)(人际互动型元话语)贯穿于语篇内外,在态度亚世界投射信念、目的、愿望。三大亚世界元话语既相互分层,又相互关联、明示互现,体现了元话语的系统性、完整性、层级性和互动性(如图5-1所示)。

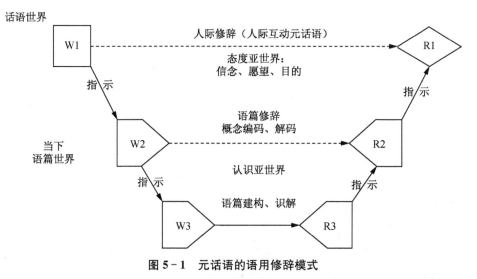

图 5-1 元话语的语用修辞模式

框架内为基本话语,线条为元话语,实线箭头为直接关系,虚线箭头为间接关系。W1:作者/修辞者;W2:隐含作用/叙述者;W3、R3:语篇中事件参与者;R1:读者/听者;R2:想象读者/受述者

5.3 基于言语事件转喻的元话语分类

主体在运用文本/事件交际中,往往使用言语事件转喻修辞形式,即使用阐述、指令等言语事件之间、事件之内(指示和行为/指称和述位)转喻关系,构建语篇和人际互动,包含了文本交互型和人际互动型元话语。

5.3.1 指示语

语用指示(Dexis,元话语的提及语、指示语)是主体进入当前话语世界和当前语篇世界的"窗口"。通过指称的视点变换,指涉了当前基本话语,如第一人称"内聚焦"视点(我,我们)的使用,使得作者带领读者介入基本话语的文本命题信息层面。作者/发话者(W1)在关联原则、合作原则等人际修辞制约下,从话语世界进入当前语篇世界,以隐含作者(W2)身份向想象的读者(受述者 R2,如 you)编码传递信息,以语篇世界参与者角色(W3,如 we)引导读者进入事件中(R3)进行对话,受述者(R2)经过信息解码,对信息内容做出理解或评估,回到当前话语,完成与作者/发话者的交际。这样,作者/发话者就与读者/受话者完成话语协商,建立互动人际关系。

指示语包括"内聚焦"的自称语(第一人称 I)、叠指(we),"外聚焦"的他指、外指(如第三人称转述),"零聚焦"(无人称)的时空指示,如 as is mentioned above,表时序叙述的语篇架构语,如 firstly, secondly, thirdly。

作者/言者通过第一人称自指的断言方式(如 I claim that…),"内聚焦"到对方的心理,投射概念判断,以参与者角色和听者发生信息交流;也可用内指语前指、后指篇内话语,如 Now I come to the next idea which I presented in the beginning…, as I mentioned earlier);也可用自称语提及社会地位,建立与听者之间的社会关系。第一人称复数,表整体的"we"可以转指言者、听者或参与者,叠指双方,使双方以平等的身份发生话语互动。

第三人称"外聚焦"的话语摘引(attribute,如言据、传闻)、外指外部语篇,往往用言语行为方式转述/转思,提供信息言据(如间接引语:Halliday argues that…)、传闻来源(如 the reports states that…)。

"零聚焦"视角使得话语主体以旁观者客观参与话语协商,往往出现在时空指示的使用中(如 first, the next part will involve…)。由于主体被隐去,所以往往以拟人隐喻方式隐形出现,或以事前的情态或预设的事后反应(如 perhaps),转喻性(隐性)地引发(entertain)言语/思维行为。

第二人称视角,作者/言者以假想的读者/听者身份发话,如"you can see that…,(you)notice,dear friend",唤起读者/听者的注意。这种指向"你"的元话语,其实是第一人称"我"在转述,由于"我"的不出场而退为旁观者,是目击者"零视角"的变体。

各种视角指示语,形成"作者转喻"/隐喻关系(日奈特,2013:8)。概念注释语如"We have to consider our definition of…"的"内聚焦"视角也可以用拟人隐喻形式"a definition of … involves …"。指向作者的"内聚焦"视角"as I have shown above"可以用指向读者的"内聚焦"变体"as you have seen above",或用指向双方的"内聚焦"视角"as we have seen above",或以"外聚焦"客观视角,用无主体的或拟人隐喻形式"as is shown above",主体隐退到事件外,充当舞台下的观众。内指语如"this easy will discuss…, the above mentioned…"是"I will discuss…in this easy, as I have mentioned above"的拟人隐喻,视角由内而外;外指的证据语主要是转述(作者转喻),如言据语、传闻语、言语/思维行为及其转喻、提及语(自我提及、文献提及等)。在当前语境下,当前作者通过这些语用转喻修辞进行视角内外变换,明晰性指向当前语篇(Ädel, 2006:27 - 29,2011),在认识亚世界进行转换、替代、修正,推动功能驱动命题(Function-advancing Proposition)(Gavin, 2009:58),架构了当前语篇空间。当前语篇世界为非真实世界语篇和非互文性语篇(Ädel, 2006:28)。

视角的"聚焦"方式,人称、时空指示的使用,可在语步上构成清晰的语篇修辞结构,达到理性诉诸,形成认知共同体,如"零聚焦"视角的时空指示语。另外,演讲语篇中往往用"dear friend""女士们、先生们""尊敬的主席先生"等社会指示,标识出导入和问题提出语步、主题阐述语步、结束语步。

语篇亚世界中某一元话语修辞的突出使用,表现出宏观的语篇修辞特征;指示及其转喻/隐喻在质、量上的"偏离"使用,形成心理上的"突出"和情感反应,使主题"前景化",产生社会评价或美学效果,文体上构成视角的、心理的、意识形态或美学的三个层次(张德禄,贾小庆,雷茜,2015:47,240)同一语用修辞效果。

5.3.2 基本元话语

基于言语事件(行为)转喻的元话语为基本元话语。

言语事件构成包括事前、事中和事后,受构成性规则和策略性规则限制,前者是后者的基础。合作、礼貌、社会评价、美学鉴赏等人际修辞原则和可理解性、清晰、经济等语篇修辞原则,制约言语行为类型和语篇的修辞结构。言语行为(事件)由言内之意、言外之意和言后之意构成,言语行为除了命题内容条件(Propositional Content Condition)外,还需要满足一定的限制性条件和规则,必须符合适切性条件(Felicity Condition)(Searl, 1969:66; Leech, 2014:69 - 70),包括前提条件(General Conditions,如背景、共同语言,不讲废话)、预备条件(Preparatory Conditions,事前的预设、原因、动机和能力等),使行为符合言语的基本条件(Essential Condition,如许诺时的责任承担),还需符合言者心理的真诚条件,说话者相信所陈述命题为真。

事前言者预设听者有能力实施言语行为,心理上反映出确信、需要或意图、愿望的真诚性,使言语行为与心理适切。适从方向上,断言是对现实的确信,言者言语意向是使话语符合客观现实;指令的适从方向是使现实符合言者的欲望、意图;承诺是施加责任,适从方向是使听者采取言后行为以改变现实。这些适切性条件成为言语事件（行为）构成的基本性规则路径（Constitutive Rule-based Approach），构成断言类、指令类、承诺类、表达类、宣告类言语事件（行为）。

在事中的核心阶段，这些言语行为具有区别性特征，受权力、惠损度影响。如指令类言语行为中的建议与其他言语行为的区别性特征表现为，听者既是行为实施者，也是受益者，听者有权利去决定自己是否实施言者所建议的行为，听者的选择性在很大程度上不受言者的权力或礼貌原则因素影响；不同于请求类，听者利益受到损失，和礼貌相关。

事后的结果需符合满足条件（Conditions of Satisfaction），意向被满足，对听者形成心理反应，才能形成言后行为的效果，实施取效行为，如请求类言语行为需使听者接受并采取行为，才能满足言者的意愿，取得言后效果；建议类言语行为的事后阶段需要听者自己去承担是否实施建议的后果；承诺类言语行为，如承诺中国的责任担当，要使听众感到高兴、满意、安全，才能产生言后的取效行为，使大家一起参与构建"人类命运共同体"。

言语行为转喻图式

交际者事前的能力、确信、需要或意图，事后承担的责任、行为愿望，与事中言语行为一起，构成言语事件（行为）转喻图式（Panther & Thornburg, 1998：759）。

言语行为图式结构之间、结构之内，以转喻方式构成。某一类言语，如关于共同体话语的演讲，主要是由建议类言语行为构成，同时通过阐述类、承诺类、表达类言语行为转喻，共同构成劝说语篇语步结构，诉诸理性、情感和人品，说服听众接受演讲者观点，形成不准确同一、同情同一和对立同一，由同一构成同体。

在言语事件内部，事中的言语行为是主要的、显性的，同时，言语过程也可以由隐性的言说方式副词，对概念命题和语篇结构做出解释和组织。也可以向内由事前的心理过程预设，做出显性主观投射，或由心理行为方式，用副词或形容词小句隐性客观、显性客观转指，表达对命题的态度评价。

因此，在言语事件中，主体视角、言语和心理行为（目的等）、方式和语境一起，构成了事件内言语行为转喻图式。

按言语事件的事前、事中（核心）和事后三部分，把元话语分类。

（1）事前。实施言语行为要符合适切性条件，包括共有的知识背景等前提条件，能力、目的、毁损等预备条件，信仰、需要、意愿等真诚性条件（believe,

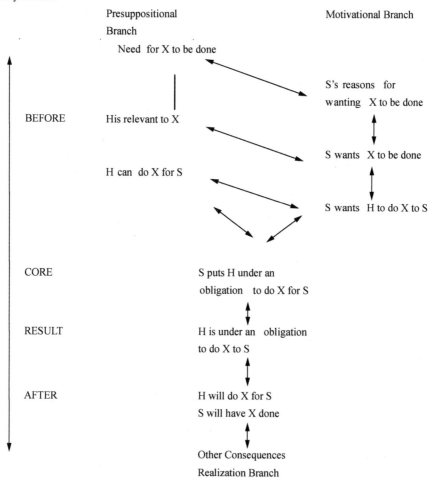

图 5-2 请求类言语事件(行为)转喻图式

want,promise,hope),需切合实际、真实等基本条件。言者往往由事前表可能性、通常性、义务和意愿的隐性主观情态助动词"can, must/may, should/need, will",对听者事前的能力、确信、需要或意图加以预设。

（2）事中。事中的言语行为是核心，如断言类的 assert, affirm, notify, state, inform, remind, deny, 指令类的 ask, tell, advise, require, demand, order, insist, 表承诺的 promise, commit, offer, agree, refuse, 表达类的

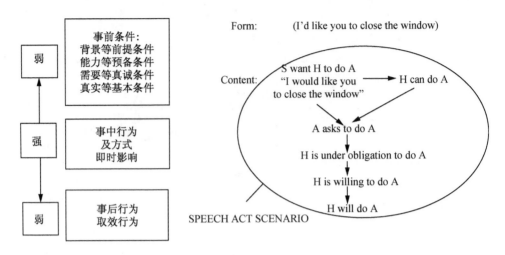

图 5-3 言语事件(行为)转喻图式

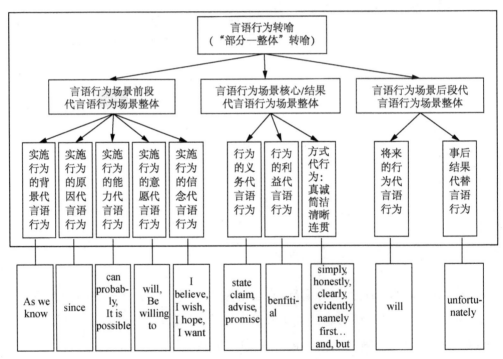

图 5-4 基于言语事件(行为)的元话语分类(Illocutionary Metonymy, Panther & Thornburg, 1997:207,示例词汇由作者所加)

thank，apologize，congratulation，宣告类的 declare 等言语过程。

言语行为方式上，以直接/间接、显隐性方式实施。

直接/间接言语行为

言语行为可以是直接的，也可以是间接的转喻方式。如在学术语篇的文献综述部分，阐述类就是突显的原型言语行为，而其他如建议就是转喻形式。阐述可以是转述形式（report of speech），包括直接引语（direct speech）、间接引语（indirect speech）、自由直接引语（free direct speech）、自由间接引语（free indirect speech）、言语行为的叙事表述（narrative report of speech act）、思维行为的叙事表述（narrative report of thought act）（Black，2014：D20）。这些话语由转述动词投射，分为积极动词（如 propose）、消极动词（如 argue），共识动词（如 say，believe，tell）和分歧动词（如 contend）（辛斌，2008）。共识动词摘引他者话语获得认同，分歧动词坚持一种声音而压制其他声音，通过引导读者形成对立同一，由同一构建共同体。

显隐性

隐性方式。言语行为用隐性方式表达时，言者主体被隐去，如用情态助动词（can，may，might）的隐性主观方式表达对命题"是"与"否"之间真值的程度或概率的判断，和对责任、意愿的承诺（must，will），也可用隐性的情态副词（包括表情感的副词）如"probably/definitely, usually, supposedly, reluctantly"，这些情态副词涵盖了强调语和模糊语。由于主体隐退，"零聚焦"视角的摄像式叙述方式，较为客观。表态度的"unfortunately, surprisingly, frankly(speaking)"，也是隐性的言语行为，情感投射到社会域，表达对事物或人品正常性、真诚性的评价，属态度评价语，是事后的评价。

显性方式。事中的言语行为动词对言内之意（概念命题）做出投射，如以上的言语/思维行为可以用第一人称显性主观方式表达（如 we suggest），由事前心理过程动词构成的小句显示言者对信念、目的、愿望和责任等适切性条件的预设，如"I believe he will close the window"。也可用第三人称"It, sb."和形容词构成的小句"It is…that…"，显性客观地投射信念、要求、愿望、责任等言语行为，如"It's probable/clear that…, It's usual for…to, It's expected that…"。小句中的主体隐去，把命题打包成客观事物，非人称代词"It"，第三人称外视角叙述方式，更加客观。态度也可用形容词小句"It's unfortunate that…, It's frank to say that..."显性地表达。

言说的直接/间接、主客观显隐性方式,符合合作原则中的质(真值、真诚)、量(程度)和方式准则,这种语用分类与 Hyland 的词汇语法分类相符(2011:111),Hyland 把元话语分成言语行为动词(如 suppose,suggest)、心理动词(如 think,believe,consider)、情态动词(如 might)、(情态)副词(如 presumably,obviously,interestingly),这些人际互动元话语往往和主体人称代词共现(如 I think),而框架语、逻辑语、证据语等语篇交互元话语(如连接副词 first,next,namely,so,but),以时序叙述、解述、重述、举述、论述等言语方式转喻言语行为,可以归入隐性主观言语行为中(如 namely/也就是说/我说的也就是,for example/举例说,first/首先要说的是)。"but"的转折关系与"unfortunately"前后相反的情感相对应(但是,遗憾的是),"so"的因果关系与强调语"obviously"前后强化关系相对应,目的是言者引导听者以最小的认知努力,理解概念语义及逻辑关系,遵循的是合作原则中的关系准则,或关联原则。

(3) 事后。言者言语行为使听者在认知、情感或价值上做出改变,在大脑的认知模式中做出同化或顺应,与言者形成同一效果,从而引导听者在事后采取行动。

抽象的言语事件/行为图式,在文学戏剧领域,构成戏剧事件。以上言语事件、言语行为图式和转喻关系,事前的条件(背景、能力、目的、真实)、事中的核心部分(言语行为、方式)、事后的结果(取效等),可以具体化为新修辞学的戏剧主义五位一体图式(包括场景、行动者、行动、方式、目的,Burke,1950:XV),从而构成基于语用修辞的元话语整体系统,我们把元话语分类如表 5.1 所示。

表 5.1 基于言语事件的元话语的语用修辞分类

言语行为转喻图式	五位一体修辞图式	语用修辞元话语		示例		对应于 Hyland 的元话语
事前提条件（如背景）、预备条件（如主体能力）、真诚条件（如主体确信）、基本条件（如主体责任承担）	场景(Scene)：共有背景等	情态	可能性通常性	can, could, may, might	It is likely that…, It seems that…	模糊语
				think, believe; hope, want, wish	possibly usually	态度语
			意愿	should; must; have to	hopefully…	强调语
			义务		It is believed that…	
					It is necessary that…	
	行动者(Agent)	指示语		第一人称，显性主观 I, my, me; we, us, our	第三人称，显性客观 It, sb.	提及语
事中言语行为	行动(Act)方式(Agency)	言语行为	阐述类(assertives)；解述、换述、时序叙述、详述、回述、转述	state, say, affirm, conclude; assert, assume; argue, contend; put forward, indicate; conclude	Firstly (say), secondly…; and, but…; For example	语篇架构语 语码注释语 内指语 证据语 逻辑关联语
			指令类(directives)	order, request, demand; ask; consider, note	It is ordered that…	介入语
			承诺类(commissives)	promise, swear, agree	It is promised that…	态度语
			宣告类(declarations)	declare(begin, end)		语篇架构语
			表达类(expressives)	thank, welcome, congratulation		态度语

续表

言语行为转喻图式	五位一体修辞图式	语用修辞元话语	示例		对应于Hyland的元话语
事中言语行为	行动(Act)方式(Agency)	言语行为转喻(方式:直接/间接、显隐性)	以上言语行为的显隐性方式	I say…	It is clear that…	clearly, evidently, obviously, certainly, undoubtedly, definitely, in fact	强调语
			以上言语行为的直接/间接方式(直接或间接引语或引思)	We assume…	It is stated that …; according to sb.; sb. suggests that… As is said in the above	frankly/honestly, (speaking)	证据语 评价语
事后言语成事	目的(Purpose) 取得对立同一、同情同一、不准确同一的修辞效果	诱发合作,取得同一效果			It is unfortunate that…	(un) fortunately (speaking); amazingly/	评价语

5.4 元话语语用修辞功能

5.4.1 语篇修辞功能

作者使用阐述类等言语行为及转喻,在认识亚世界中阐述(时序叙述、解述、详述、换述、回述)主题,或采用转述(言语行为转喻)等语用修辞方式对主题加以论证,对命题进行阐述,对语篇结构做出组织,遵循了语篇修辞的可理解性原则、清晰原则、经济原则,这样,能引导读者进行概念和语篇信息的理解。读者根据时序结构、对语篇结构的逻辑关系、主题、概念做出理解和解码,以最小的认知努力达到最大的认知效果,形成认知同一。

文本交互型元话语往往以言语行为转喻方式出现,如概念命题编码注释语(如 We will define…)、语篇框架语的导入主题语(如 I will discuss…)、强调观点语(如 Now I come to the next idea…)、论题语(如 The… which I argued for is…)、结论语(如 In conclusion, I would say that…),以及逻辑关联语(如表因果的 I have chosen this subject because…)、表对比的(如 I could go on much longer, but…)、表递增的(如 I would like to add that…)、表举例的(如 As an example of, we can look at…)、表条件的(如 If we take… as an example)。

这些元话语与指示语转喻式共现,或采用隐喻形式,在认识亚世界进行概念注释、语篇架构。可以采用以上第一人称"内聚焦"视角的动词,也可用"零聚焦"的副词,或采用第三人称"外聚焦"视角的小句。

语篇修辞元话语(文本交互式型元话语)根本上是互动的,是作者引导读者理解语篇信息的交际互动过程,受到人际及篇章的语用修辞制约。时序叙述结构,符合合作原则中的有序、清晰方式准则;作者在采用因果关系进行解述、详述、换述时,符合量(足量)准则;进行转述、回述时,遵循质准则(真实有据),是对主题进行话语空间的拓展;采用转折、让步、否定等逻辑关系叙述时,是对话语空间进行收缩。视角上的"内聚焦"或"外聚集",话语的收缩或拓展,构成多声性、对话性互动。元话语的语篇修辞类型、功能如表5.2所示。

表 5.2　元话语的语篇修辞类型、功能

指示语（作者转喻）	言语行为（转喻）	语篇修辞功能	对应的文本交互型元话语	示例
文本/语码指向（拟人隐喻），外聚焦：时空指示（a, the, this, other …）	阐述类、宣告类（时序叙述，解述、详述、换述、转述、回述）	主题宣告及阐述，形成可理解性、清晰性、经济性语篇；诉诸理性，形成认知同一	语篇架构语 概念注释语 内指语逻辑关联语：递进、条件证据语	firstly, secondly, thirdly to begin; to conclude a definition of … involves… in other words… , namely this essay will primarily deal with… the question is… the above mentioned list… , as is shown above… furthermore, for example, if…then, according to… , it is reported that…
作者指向（I, 内聚焦）	同上	诉诸理性认知同一	同上	by… I mean… as a writer, I would like to argue… as I have shown… my conclusion is that…
读者指向（you），作者隐退，指向文本中的想象读者	同上	同上	同上	as you have seen above… you might want to read the last section first…
参与者指向（we, 内聚焦）	同上	同上	同上	as we have seen above in our discussion above if we take… as example

5.4.2　人际修辞功能

人称等指示语的使用，使视角改变，才能"聚焦"话语社团，从发话者进入态度亚世界角色中。发话者使用言语/思维行为叙事表述或转述（言语行为及其转喻，情态及其隐喻），对信仰、目的、愿望实施宣布、阐述、指令（请求、建议、忠告、威胁）、承诺（责任）、表达（感谢）。受话者对发话者及信息的信任度、权威性、真实性、可靠性做出态度评价，才能形成合作，形成质量和方式的同一关系，构建信仰、责任和愿望同体。

态度亚世界中的信仰、目的、愿望,由言语/思维行为及其转喻、情态及其隐喻构造,而人际修辞(Interpersonal Rhetoric)(Leech,1983)对态度输入做出语用限制。发话者需遵循合作原则,如言语/思维行为的表述、转述需遵循足量和真实准则,需有证据性、言据性。表愿望时需遵循质的真诚性,才能进入心理、情感等语篇世界,与受话者进行信息交流、态度协商,形成同情同一或价值观的同一,由同一建构同体的人际关系,达到语用交际的修辞意图。

表 5.3　元话语的人际修辞类型、功能

指示语	言语/思维行为(转喻)、情态	语用修辞功能	对应的人际互动型元话语	示例
作者指向/I(内聚焦)	阐述类:确信、信仰 指令类:建议、要求 承诺类:许诺 表达类:愿意、希望、真诚	诱发合作,诉诸情感,人品评价	态度语 自我提及语 强调语/模糊语 态度语	I think/believe, claim/state; frankly (speaking), unfortunately(speaking), clearly, evidently, must/probably, possibly… I advice/request, I'm willing to/hope I promise/agree
参与者指向/We(内聚焦)	同上	形成合作,形成同情同一、无意识同一	同上	同上
读者指向/You(内聚焦变体)	同上	诱发合作,形成同情同一、无意识同一	介入语	consider, note, You can see that…

人际互动型元话语与文本交互型元话语往往以转喻式临近关系共现,如"We have to consider our definition of…""definition of"是对命题的注释,属文本交互型/引导型元话语,受清晰性原则的篇章修辞制约;表义务的"have to"转指对介入语"consider"行为的指令,"we"可以转指作者、读者或两者,作者对读者发出必须思考这个概念的指令,引导作为读者的"我们"一起思考,遵循的是合作原则,受到人际修辞的制约。两种类型元话语,遵循语用修辞原则,转喻式互现。

5.5 共同体文体构建的元话语语用修辞分析

5.5.1 文体特征描写

话语与共同体相互作用、相互建构。话语是共同体的反映,共同体通过话语建构。作为共同体与话语中介的文体/语体,可以由元话语的语用修辞构成。共同体成员遵守共同的篇章修辞和人际修辞规则,使用共同的语用修辞方式,形成共同的语篇修辞结构,由人际修辞诱发合作,形成对立同一、同情同一和无意识同一,实现共同的社会道德、价值观评价(Hyland,2005:138-140),完成共同体构建实践。不同语域的文体表现出特定的语用修辞特征和文语体风格,形成相应的共同体,如政治共同体、经济共同体、学术共同体等等。言语事件(指示、行为)转喻在语步、步骤上形成跨学科、跨文化的历时性、共时性"共同体"语篇修辞特征和人际修辞特征,如经过对学术话语语篇在语步上的历时对比,发现由文献回顾、理论框架、分析讨论和进一步研究建议形成共时结构,各语步和步骤由阐述类、建议类等言语事件及转喻关系形成语篇特征。步骤上的施为动词、行动者、方式、性状的情态转指,可能性等情态及情态隐喻,形成人际修辞特征。不同文化的"共同体"共时语篇,由言语事件组成语步结构的清晰/模糊,转喻视角的内外聚焦,引用的直接/间接,来源的现代/经典,质的求同/求异,方式的显性/隐性,认知/情感偏向,量值的高中低。

各种文体处于从文学文体到实用文体的连续体中,形成共同体。从文体的修辞观看,宏观的篇章修辞结构上,由语步和步骤构成,而人际修辞以评议方式存在于语步和步骤中。如叙事文体的语步包括点题、事件指向、进展与结局、回应主题和评议,学术话语的语步包括导言、文献回顾、理论框架、研究设计、结果与讨论、结论与趋势,政治、经济等演讲文体语步包括回顾、主题、阐述、期待与许诺、展望、强调主题。从这些文体的修辞结构可以看出,语步结构存在家族相似性,而围绕某一典型结构,形成话语共同体,其中,叙事结构成为语步结构的典型。叙事文体各语步的衔接与连贯由语码注释语、逻辑关联语、证据语、指示语完成点题、事件指向、进展、回应;而评议、讨论等由态度语、评价语、强调语(模糊语)等人际互动式元话语实施。

从语用修辞视角,共同体可由元话语语用修辞构建,即由语用修辞形成的共同的文体,反映共同体实践,包括篇章修辞(Textual Rhetoric)和人际修辞(Interpersonal Rhetoric)(Leech,1983),具体可通过以上的语用指示语、言语行为转喻实现。在合作等关联、清晰等人际修辞原则和篇章修辞原则制约下,元话语在量、质(如作者转喻,情态隐喻,言语行为转喻的创新性)、方式、关系(转喻的简洁性,横向临近关系)上的"偏离"使用,在认识亚世界中构成当前语篇的宏观语篇修辞特征;言语/思维行为,产生心理反应,在态度亚世界中形成人际修辞特征,产生情感共鸣,形成社会评价和意识形态的趋同,产生对立同一、同情同一和无意识同一的文体修辞效果,由同一求认同,构建出共同体实践。

5.5.2 语用修辞动机揭示

语用意图或修辞动机包括总体动机和跨文化功能性动机。总体动机是"诱发合作",由劝说三诉诸达到三"同一"。功能性动机有引起关注、认知导向、移情、美学、意识形态传递、价值评价、神话形象塑造。言语事件(行为)转喻的内外视角,引起听者对事件要素的关注;言语行为情态、直接(间接)引语,形成认知情感共鸣;论题结构上清晰合理的语步,形成美的反应;言语(思维)行为的叙述,传递文化价值观;神话故事,显示英雄能力和责任。

戏剧主义的五位一体图示中,相关因素、关系的偏离使用,凸显出修辞动机,如单因素的场景—目的、行动者—目的、行动—目的、方式—目的,或多因素的结合,如行动者—行动—目的,是从图式的其他部分转指目的,如事前的目的由场景转指,是转喻性的,这种分析类似于言语行为转喻分析。

作者在使用言语行为及转喻的过程中,意在"诱发合作",使用人际互动型元话语,介入情感、判断和价值,组织清晰的语篇,诉诸理性、情感和人品,引导读者以最小的认知努力理解读者的态度,说服读者改变认知、情感或价值评价,使读者与作者达到对立同一、同情同一和不准确同一的修辞效果,从而实施取效行为。这一过程是从不平衡到平衡的语用修辞过程,是在合作原则的作用下,在质、量、方式和关系上达到平衡的过程。新修辞学的质包括共享背景的物理、心理世界的几何质(Geometric Substance)、情感和价值的家属质(Familiar Substance),以及方向质(+/-)(Directional Substance)(邓志勇,2015:152)。在戏剧主义五位一体隐喻图式中,几何质位于场景中,家属质位于目的中;对应于言语行为转喻图式,几何质位于事前部分的条件中。在量方面,事前、事后的语力较小(弱),事中的直接言语行为较大(强),因此,以上事前和事后的间接言语行为的语力较小,事中的言语行为直接,语力最大。在行为方式上,言语行为的取向有显隐性之分,和主体(修辞的行动者)的聚焦相关。有人称的言语行为是显性,如第一人称的内聚焦,无人称的副词为隐性,为零聚焦,在量的级差上表现为聚焦的明显与模糊。关系上,言语需和语境关联,以最小的认知努力达到最小的认知效果,即作者(言者)通过认知努力诱发读者(听者)合作,达到三同一的语用修辞效果。

5.5.3 同一效果解释

三同一语用修辞效果

作者借助言语转喻等修辞方式,通过作者三诉诸,与读者形成三同一,实现人际修辞和语篇修辞功能或效果。作者出于修辞动机,突出使用图式中的元素及关系,诉诸理性、情感和人品,引导读者与之形成不准确同一(Identification by Inaccuracy)、对立同一(Identification by Antithesis)、同情同一(Identification by Sympathy),实现诱发读者合作的功能(邓志勇,2015:156)。言语行为及转喻关系,在语篇修辞结构上组成可理解性、清晰的语步、步骤,如学术论文中的引言(阐述类+指令类/建议)、理论(阐述类)、论证(转述、证据语)、结语(阐述类+指令类/建议)、致谢(表达类),构成经济、清晰的美的语篇结构,达到语篇修辞效果,使修辞者和听众构成认知同一。修辞者与听众间树立共同的对立面,获得对立同一;通过强调人与人之间的共同情感,形成同情同一;把英雄或救赎者形象投射到自身和听众上,使读者(听众)获得具有高尚人品、美好形象的认知,获得不正确投射误同,从而在认知、情感、道德、美学层面诱发合作和认同。

言语事件图式中,任何一部分元话语的偏离使用,质的偏离(转喻)或量的偏离,方式的间接(直接)、显隐性,行为序列或步骤关系,形成特有的言语行为类型,偏离可以凸显事中直接言语行为,也可由事前的意图、能力信念,事后的责任、意愿转指,目的是"诱发合作"。行为类型(言语动词、形容词、副词的极性)和级差的突出使用,使主体间通过三同一构成语用平衡的修辞单元,建立合作、竞争、和谐的人际关系,构建"共同体"。

第五章 共同体的元话语语用修辞研究

语用修辞平衡过程

社会心理学家 Heider(1946)认为,人们在交际中,倾向于建立和谐、平衡和一致的关系。言者(作者)通过语用修辞的使用,在质、量和方式上诉诸理性、情感和人品,与听众(读者)形成对立同一、情感同一和无意识同一,构建平衡的关系,构成修辞的语用平衡模式——POX 模式。P 为认知主体(Person),O 为与认知主体相对应的个体(Other Person),X 为认知对象(Attitude Object)。X 可以是物体、事件、活动、现象或观点等等,POX 之间的三角形关系称为单元关系。

单元关系包括两种:一种是认知单元构成关系(Cognitive Unit Formation)PX 和 OX,是人或物的所属关系,也包括肯定(+)关系和否定(-)关系,如相似/对立关系、距离接近/分离关系(Similarity, Proximity)等。另一种 PO 之间的情感关系,可能形成一致或不一致的情感关系(喜欢或厌恶,赞成或反对)(+/-),即质的关系。PO 之间关系受亲密度、权势等影响,如家人、朋友之间关系紧密,往往构成一致的情感(+)。

美国社会心理学家 New Comb(1953)发展了这一模式,提出了 A-X-B 模式,把模式从认知平衡扩大到人际互动过程和群体关系,成为社会认知平衡模式,其中包括两个交际主体(A、B,即言者/听者,或作者/读者)和对象 X,以及态度共同指向(Co-orientation)(图 5.5 左)。X 可以是交际事件、活动、态度或观点等等,也可以是第三者。A-X-B 单元包括四种关系:A-B 情感关系,B-A 情感反馈(B 对 A-B 情感关系的认知评价),A-X 认知关系,B-X 认知反馈(B 对 A-X 认知关系的认知)。A-X 的认知和 B-X 的认知,和 A-B 情感关系组成一个复合系统八重状态(图 5-5 右)。

认知主体 A 与认知对方 B 对认知对象 X 认知一致(全部肯定或否定,+/-)、情感协调(+)时,三边相乘值为(+),认知、情感、意图达到平衡,这是平衡状态,如图 5.5 中的①②所示。相反,如果认知主体 A 与认知对方 B 对认知对象 X 的认知相反(+/-或-/+)、A,B 情感不一致时(-),三边相乘值为(+),A-X-B 也构成平衡单元,如图 5.5③④所示。不平衡模式见图 5.5 中的⑤⑥⑦⑧所示,它们的三边相乘为(-),其中 ⑤⑥中主体情感一致、认知相反,平衡压力较强,而⑦⑧中 A-B 情感为(-),平衡压力较弱。

不平衡单元产生"对称趋向张力"(Strain Toward Symmetry)(New Comb, 1953)或"平衡趋势"(Tendency Toward Balance)(Heider, 1946),要求主体进行

认知或情感调整,以最小的认知努力形成平衡关系(张立新,2012:78),即修辞者通过语用修辞,诉诸理性、情感或人品,与听众形成对立同一、同情同一和无意识同一的过程,是从不平衡单元到平衡单元的转换过程。

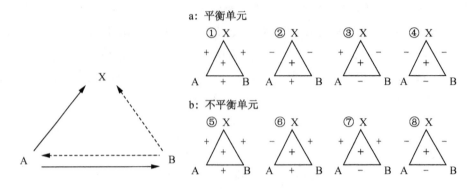

图 5-5 社会认知平衡模式

伯克的三同一从"诱发合作"的动机出发,经过劝说,使得听者的认知、情感和价值评价与言者达成一致。在社会认知上,这一过程基于一致性理论(Theory of Consistency)(邓志勇,2015:103)的同一关系,内容涵盖认知、情感和价值(意识形态),分为质的对立同一、量的同一,以及方式上投射的不准确同一(无意识同一),最终形成关系上的平衡,可以通过具体的元话语实现。关系上,"社会认知平衡模式"的语用修辞解释力还在于体现"最小努力原则"的具体运作过程。"对称趋向张力"或"平衡趋势"要求一方进行认知或情感调整,通过"最小努力原则"消除不平衡张力,达到语用修辞平衡。对于图5.5⑤⑥中的不平衡状态,主体情感关系好,个体改变情感关系以恢复结构平衡的需要最少,改变的首要方向是A或B对X的认知,而非情感关系,即最小地改变AB之间的情感关系以恢复平衡结构,通过同情同一达到图5-5①②平衡状态。而对于图5-5⑦⑧中AB情感较为疏远的结构,由于他们对X的认知一致,通过交流,拉近了情感关系,由同情同一,达到图5-5①②平衡状态。下面对语用修辞的三同一形成过程做出具体分析。

同一的语用修辞平衡解释

(1) 对立同一

语用修辞的目的是主体间诱发合作,取得同一的效果,建立同体关系。对立同一包括质的同一、方式的同一。伯克的新修辞学认为,质包括几何质(共有的语境、背景等)、家属质(情感、价值判断)和方向质(+/-)(邓志勇,2015:152),语用上具体可由言语行为及情态词实现,具体通过积极动词(消极动词)、情态动词,或行为方式的副词,实施(不)礼貌(Leech,1983:104),建构竞争型、合作型或和谐型关系:

(1) 阐述类言语行为的积极、消极动词的使用(+/-)(如 say, assert, indicate, describe, believe, report, agree/argue, claim),以及表判断的情态(如 must, impossible),或行为方式的副词(如 evidently, clearly),认知上形成对命题的"是"与"否"判读,或为言语提供信息的可信性或不可信性证据(质的准则)。(A-X 为+/-)。

(2) 指令类的请求、命令、建议(advise, suggest, insist),以及责任型情态(如 should)往往会威胁对方面子,施加的是不礼貌,属竞争型(Competitive)言语行为,形成不和谐的人际关系(A-B 值为-);

(3) 许诺类(promise)、表达类的祝贺、致意、致歉行为,以及表意愿的情态(如 will),属和谐型(convivial)言语行为,实施礼貌,形成和谐的人际关系(A-B 值为+)(何兆熊,2000:213-217)。

在学术话语中,A-X-B 单元体现为作者、文本和读者关系(W-T-R)。如在文献综述中,作者和读者具有共同的学术背景,作者—读者的关系(W-R)为(+),但作者对于文本的认知和批判较为确定(W-T 为+),读者可能会与作者观点相同或相反(R-T 为+或-),作者和读者之间形成同一或不同一单元(图 5.6 左)。不同一时,作者往往通过诉诸理性,劝说读者接受已有观点,或劝说读者反对批判原有观点,用请求、建议言语行为,提出存在研究问题和研究方向,与读者形成了对立同一关系(图 5-6)。

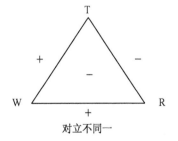
对立不同一

对立同一

图 5-6　对立同一(1)

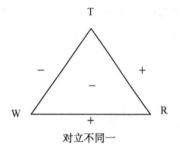
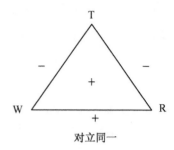

对立不同一　　　　　　　　　　　对立同一

图 5-6　对立同一(2)

第一种对立同一的平衡过程为劝说读者同意已有观点[图 5-6(1)]。例如，Fraster 在关于话语标记语 Towards A Theory of Discourse Markers 一文的"Introduction"部分，作者通过"As most readers are aware"这一证据语建立了作者与读者的关系（W-R 为＋），接着由"there is no general agreement on""reject"表达不同学者（读者）对这一术语的不同表述和不同分类（R-T 为一）。接着由"They have been frequently referred to as discourse markers（通常称为话语标记语）"，由通常性"frequently"加以判断（W-T 为＋），由此 W-T-R 构成了不平衡、不同一的三角关系（三边值相乘为一）：

[1] As most **readers** are aware, there is **no general agreement** on what to call these items. They have been **frequently referred to as** discourse markers (Schiffrin, 1987; Fraser, 1990, 1996, 1999), discourse connectives (Blakemore, 1987, 1992, 2002), discourse operators (Redeker, 1991), and cue phrases (Knott 2000; Knott & Sanders, 1997; Sanders & Noordman, 2000). Other, less frequent terms include discourse particles, discourse signaling devices, indicating devices, phatic connectives, pragmatic connectives, pragmatic expressions, pragmatic formatives, pragmatic operators, pragmatic particles, semantic conjuncts, and sentence connectives.

Moreover, there is **no agreement on** what the class of DMs consists of. Schiffrin (1987) includes *Oh*!, *Look*!, *Y-know*, and certain unspecified non-verbal gestures, while Fraser (1999) **rejects** these; Knot & Sanders (1997) include *then again* and *admittedly … but*, whereas Schiffrin (1987), Fraser (1999), Redeker (1991), and Blakemore (2002) do not.

第五章 共同体的元话语语用修辞研究

接着，Fraster 由下文中的"**present**""**am concerned with**""**should point out**"这些阐述类言语行为，表达对话语标记语的概念界定、词语形式、四种类型、功能，同时对不同观点的影响加以否定"or reader **disagreement** with a judgment presented will **not** affect the general argument."指出（point out）本文研究不涉及语篇连贯和认知，从而留下了一致观点的读者，排斥了对立观点（R－T 为 ＋），形成了同一的关系单元[图 5-6(1)右]，形成对立同一：

[2] My purpose in this paper is to **present** a linguistic account of the class of English DMs. I shall do so by first **presenting** a definition of DMs, which is **deliberately restricted to** those lexical expressions which function as segment connectives and signal a semantic relation of one of four types. Following this, I shall **present** the linguistic properties of DMs as I see them, drawing on ideas from other research and researchers and using data from research articles, corpora, and intuitions. I **am concerned with** the general properties of the entire class, not the specific description of one or two particular DMs. Hence, the frequency of occurrence of particular DMs, their privileged status in a dialect, or **reader disagreement** with a judgment presented will **not** affect the general argument. I **should point out** that my intent is **not** to capture how this class of expressions contributes to discourse **coherence** (Schiffrin, 1987), what role it plays in **argumentation** (Anscombre, Ducrot, 1989), or the way that a DM might contribute to the **cognitive interpretation** of a discourse segment (Blakemore, 2002).

第二种过程为劝说读者共同反对已有观点，提出新问题、新方案[图 5-6(2)]。如 Connor(2004)在 *Intercultural rhetoric research: beyond texts* 一文中，首先介绍了跨文化修辞研究的跨学科背景、理论和方法，通过修辞图式和读者建立了背景（scene）共识（W－R 为＋），Atkinson 提出（propose）的对比修辞的文化模式，指出不足之处在于把文化视为产品而非过程，聚焦的是大文化（民族、种族），认为跨文化修辞需考虑（Needs to Consider）小文化（领域文化），并通过证据语（According to Atkinson）提供质的证明：

[3] In this issue, Atkinson **proposes** a model of culture for contrastive rhetoric that both considers culture as a product instead of a process and

examines "big" culture versus "small" culture. Instead of focusing on the big culture (i. e. national or ethnic culture), intercultural rhetoric research **needs to consider** the complexly interacting small cultures in any educational or other intercultural situation. Drawing on the work of Holliday (1994, 1999), Atkinson **shows** how small cultures (i. e. classroom culture, disciplinary culture, youth culture, student culture, etc.) interact with the national culture. **According to** Atkinson (this issue: p. 17), "In no sense, then, could the 'cultural action' taking place in any particular educational setting be accounted for solely in terms of the national culture in which that educational setting appeared to be located, as has often been done in the past."

在此基础上,提出需进一步从过程等方面加以深入实证研究:

[4] Nevertheless, a **need** still exists for deeper analyses of processes, contexts, and purposes of discourse, whether applied to student writing or business writing across cultures. Instead of focusing on products, intercultural research **needs to** change its focus to the processes that lead to the products. Hyland (2000) provides examples of interview and survey studies to explain cultural, situational, and contextual differences in EFL writing.

最后,作者提出对文化的定义变化,提出进一步研究的建议(suggest),三种方法路径:文本分析、体裁分析和语料分析,并强调跨文化修辞研究应该(should)把这三种路径贯穿于修辞过程、文本和语境:

[5] Both major approaches—corpus-based text studies and qualitative contextual studies—**need to be aware of** the changing definitions of "culture" which range from the "received" definition of culture as static (referring to "big" ethnic cultures) to alternative definitions of culture as dynamic (often referring to "small" cultures, e. g. disciplinary, classroom, local) (Atkinson, this issue; Holliday, 1994). This paper will **suggest** directions for future intercultural rhetoric research that will be faithful to the rigorous empirical principles of the area of study but still consistent with postmodern views of culture and discourse. The first section, "From texts to social contexts" situates the study of intercultural rhetoric in the current understanding and

practice of written discourse analysis in general. The emphasis, no longer text based, is increasingly context sensitive. The following sections evaluate <u>three</u> major methodological approaches for written intercultural rhetoric research and mention sample studies. The approaches are text analysis, genre analysis, and corpus analysis. The three categories are non-exclusive. A common thread running through these three sections is that the new intercultural rhetoric **should be** sensitive to processes, contexts, and particular situations. The final section, "Ethnographic approaches for intercultural rhetoric" introduces an entirely new concept to the analysis of intercultural rhetoric, *namely*, the inclusion of oral discourse. As the least developed section of the paper, it looks into the future of intercultural rhetoric research and focuses on new genres of study such as business communication.

在以上简介中,作者首先通过共享的背景,激活修辞图式,与读者建立一致关系(W-T 为+,W-R 为+,W-T 为+,W-T-R 为平衡单元关系)。接着反复用需要(need to)情态,发出指令的行为(-),提出研究不足(W-T 为-),W-T-R 单元失衡(三遍相乘为-)。作者接着提出研究方面建议和命令言语行为(suggest,should)(-),引导读者对已有研究的批判(R-T 为-),与读者之间形成对立同一(三边相乘为+)[见图5-6(2)右]。

对立同一在概念认知上,对应于理性诉诸,是在对原有理论背景的肯定基础上,指出不足,通过建议、命令等言语行为,提出进一步研究的问题,达到劝说读者同意作者观点。在语篇修辞结构上,使用对比方式,在以上的例子中,"need (to)"和"nevertheless, instead of"共现,具有相同的语篇修辞功能,即语用方式上(方式准则)构成清晰的、可理解的语篇结构,使读者以最小的努力,达到最大的认知效果。

(2)同情同一

同情同一指修辞者通过情感诉诸,使听众与之形成情感认同,使之如说话者所感,从而形成紧密的关系。情感是对外在事件中行为、文本(过程)和现象的反应,包括情绪、心情和性情等,情感分为过程情感、性质情感和评注情感,语法上采用相应的动词、形容词、关系小句和副词、情态状语、语法隐喻等形式加以显性描述(Inscribe)(刘立华,2010:11,103;马丁,2010:314),也可借助隐性方式引发(Invite)。主体间情感关系充分体现于移情(Empathy),移情指交际双方情感相通,理解对方用意(何自然,1991)。移情时,说话人/作者将自己认同于他所描写的事件或状态中的一个参与者(沈家煊,2001),而听话人/读者感同身受,理解对方的情感和意图。移情可以认为是一社会认知过程,由心理上的内在性情映射到社会脑部分而成。交际主体借助隐喻等认知方式理解对方的情感、态度,移入的是说话者对当事人的赞扬、评判或调侃之情,是社会认知评判后的"制度化情感"(Institutionalized Affect)(马丁,2010:207)。通过社会道德准则对情感加以约束,构成对人们行为的建议,形成社会尊严;通过法律对行为责任加以强制,构成对人们行为的指令,构成社会许可;通过价值观对物质和精神产品进行评价、鉴赏。移情缺乏时,会违反社会评判的标准,形成情感框架乖讹和交际单元失衡(张立新,2014:20-21)。移情需尊重对方的社会文化背景,受社会原则制约。移情时,能拉近与对方的距离,增加亲密度,建立良好的人际同盟关系。当交际一方理解了对方的情感时,框架间乖讹消解,单元恢复平衡,是从失衡到平衡的同情同一过程。

学术语篇中,尽管作者和读者在认知上会相同,但两者之间的情感距离较大或不存在情感关系(0或-),构成不平衡三角[图5-7(1)左]。这种情况下,在三角关系上,可改变W-R关系值(质),通过使用正值言语行为情态,即言语事件的事前部分的确信、意愿、需要等真诚条件(家族质),使W-R值变为(+),在质准则作用下,形成平衡的三角关系[图5-7(1)右]。

另一种情况是,读者可能对作者的论点只有部分同意(+),与作者观点(++)间形成不平衡的三角关系,于是,作者可通过加强两者间关系(量),在量准则作用下,使用情态隐喻方式(方式准则,修辞图式中的工具),形成平衡单元。

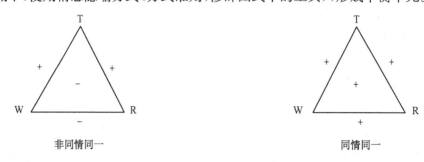

图5-7 同情同一(1)

非同情同一　　　　　　　　　　同情同一

图 5-7　同情同一（2）

学术语篇中，作者通过情感诉诸，由情态形容词、副词、小句，在方式上，使得信息表达方式得当，增强与读者的情感共鸣，缩短情感距离，形成语用移情，形成同情同一，达到单元平衡，建构同体。使用情态的显性主观方式（I/sb. believe/think/consider），作者以参与者角色引导读者介入研究过程，分享研究结果，感同身受，增强对结果的信念，如在以下论文的结果和讨论部分中（Ifantidou，2005:1347），作者通过"considered, thought, view"使读者以参与者角色"内聚焦"到事件中，分享受试的反应（subjects' reactions）和想法，认同元话语交际的有效性、省力理解的必要性（essential to effective and effortless comprehension of ideas），像作者那样所思、所想，感同身受，缩短了 W-R 间情感距离，形成同情同一，建构平衡的单元。

［6］Finally, there was a striking unanimity in **subjects' reactions** to Questions 6 – 8. A total of 97.3% stated that the "metadiscourse" text is more effective in communicating its message and a total of 94.6% **considered** the metadiscourse expressions *as essential* to effective and effortless comprehension of ideas. *Only* 2.6% **thought** that such expressions are a matter of style, and hence **non-essential** to comprehension of the ideas communicated. Another 2.6% opted for neither (a) nor (b); instead they **viewed** metadiscourse as (a) a "cohesion device" or (b) a way to "increase accuracy" and "easy understanding". Lastly, a scenario based on the idea of "students conducting research" was **considered** and students' "academic researchers" were asked to choose the text that would satisfy their expectations in terms of "actual or expected relevance". Again, 93.3% opted for the "metadiscourse" text.

（3）不准确同一/投射误同

不准确同一或无意识同一，是修辞者通过诉诸人品，和听众在潜意识中形成的态度和价值的同一。人格魅力源于听众的需要或缺陷，因此，修辞者在人格诉诸时，往往创造出英雄形象，以满足听众的内心需要。修辞者使用图式中的执行者（工具）关系对子（邓志勇，2015：114），赋予自己理想化形象所具有的能力、韧性、正直的品质，所具有的价值、贡献，把这种形象投射到听众，使之在不知不觉中产生一种同样角色作用，形成投射误同，即无意识同一，或不准确同一。

学术话语中，元话语往往通过指称（如提及语 I, we）、言语行为方式（态度评价语（如 honestly, interestingly）、模糊语（如 perhaps, may, it seems that …），用情态副词、助词或其隐喻形式，间接转指言语行为，形成诚实可信的学者形象，在方式上形成投射同一。投射表现为从心理向社会域的投射，心理上表情感的"可能性、经常性、意态、责任"情态，投射到社会域，形成"能力、正常性、韧性"的社会尊严的评价，以及"诚实性、正当性"的社会许可的评价。"可能性"（probability）对应于评判的"诚实性"（veracity），如情态隐喻"It seems he's naughty"，也可以说成"It's true to somedegree that he's naughty"。"经常性"（usuality）对应于社会尊严的"正常性"（normality），如"It's usual for him to be naughty"可以说成"It's normal for him to be naughty"；"意态"（inclination）对应于"韧性"（可靠性，tenacity），如"I'm willing to go"可以说成"I'm determined to go"；"责任"（obligation）对应于"正当性"（"propriety），如"You should go"可以说成"It'd be fair for you to go"（马丁，2010：265，351）。

如 Hyland(2018:28)论文的结论部分，在得出结论时，用情态词"cannot, seem to"，既表达可能性的不足，同时展现了真实性（seem to, it's true），"What is surprising"是对正常性发现的评价，突出研究价值、贡献，以此展现研究者的个性：

[7]**Obviously**, our sample **cannot** represent overall diachronic changes in academic writing, so the more important findings are the divergences between disciplines, particularly within interactional forms. The use of metadiscourse is closely related to the social contexts it helps construct so **it is not surprising** to

无意识非同一

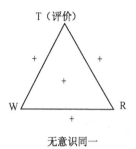
无意识同一

图 5-8 投射误同

find variations across the disciplines we have studied. **What is surprising**, however, is that while there is a general trend towards more reader guidance in all fields, almost all interactional features have shown a marked decline in the discursive soft knowledge fields and a substantial increase in the science subjects. While the frequencies of some features are small, thus exaggerating percentage changes, there does **seem to** have been a rhetorical shift in argumentation patterns in academic writing towards a greater awareness of readers.

无意识同一往往通过指称,形成"群内认同",包括包含读者的"我们"和不包括读者的"我们"。在接下来对元话语的分类和计算中,"我们"不包括读者,而在提出将来的研究方向中,显然是包含读者的共同研究,而且和"might, could"一起对能力、真实性评价做出评价,投射到读者,形成投射误同或无意识同一:

[8] While **we might** hesitate to categorically account for these results, the changing and more diverse nature of disciplines, the influence of external funders and commercial sponsors, and the ever-closer connection between professional recognition and career advancement in an extremely competitive publication marketplace **cannot** be excluded.

Future work **might** further elucidate these conjectures: similar studies of more disciplines could help validate **our** findings and indicate how far **we** can generalise them; text interviews with subject specialists **could** offer corroboration of our speculative claims linking discoursal and social changes;

and collaborative work with historians and sociologists of science **could** supplement corpus research with the investigative techniques and insights of those more intimately involved in the study of the political, institutional and economic forces which shape modern science.

本章小结

　　语言与修辞都研究言语的使用,两者在使用言语修辞实施行为的学术思想、遵循的合作等语用修辞原则、语用修辞效果的三分说、共同的和谐关系建立和管理,以及言语行为转喻(隐喻)等核心问题和分析图式方面形成交集。

　　本章从言语事件及转喻,包括阐述类、指令类、承诺类、表达类、宣告类言语事件之间的转喻关系,以及事件内的指示(作者转喻)和行为转喻关系(事前条件、事中行为及直接间接和显隐性方式、事后效果,对应于戏剧主义的五位一体图式构成:场景、行动者、行动、方式、目的),对语篇交互元话语和人际互动元话语的分类、诱发合作等功能和三同一取效做出了人际修辞和篇章修辞分析。以学术话语共同体为例,通过基于言语事件(行为)的文体语用修辞特性描述,揭示所达到的认知同一、同情同一和无意识同一的语用修辞文体效果,以及同一形成和同体关系构建的语用修辞平衡过程解释,以此构建了话语共同体文体分析的元话语语用修辞范式。但人文科学和自然科学话语的文体存在语域差异性,各自共同的文体和共同体关系体不同,需进行跨学科对比研究。

第六章　学术话语共同体的跨学科语用修辞对比研究

各学科学术话语通过互语性语用修辞,形成跨学科、跨机构的学术话语共同体。本章依托元话语的语用修辞图式,从指示、言语事件的事前条件、事中行为、行为方式和事后效果,共时对比人文社科和理工科学术语篇各自共同的文体修辞特征,分析形成的对立同一、同情同一和无意识同一的语用效果,以及由此达到的共同体构建过程。

6.1　文体修辞构建

共同体是一定领域成员为了共同体的目标,通过特定的渠道和机制,使用特定词汇语法和体裁组成的团体,其中体裁是话语共同体的基础(Swales,1990)。体裁(Genre)被认为是相同领域文本的集合和对社会实践的一种表征方式,是"社会行为的架构"(Frames for social action)和对社会的规约,因此,作为话语实践的体裁,成为文本和社会实践的中介。"由一组交际事件构成的某种体裁,其主要标志是具有共同的交际目的"(Swales,1990:53),目的性和结构性是体裁作为活动类型的最重要标志,其目的是揭示价值观,体裁的区别是建立在话语的使用价值(Use-value)上的。体裁本质上属于话语实践和社会实践层面上的"活动类型"(Activity type),每一种体裁都有自己的意义潜势,包括具体的语义范畴、适当的主体位置、修辞方式和使用规则等(辛斌,2018)。由此,费尔克劳(Fairclough,1989,1992,1995)从话语的生产、分配和消费角度出发,提出文本、话语实践和社会实践的三维模式(图6-1左),采用辩证—关系分析法(其他还有社会认知法、话语—历史分析法),对某一体裁话语(如政治话语)中隐含的权势、性别等社会文化价值观做出(认知)批评话语分析。

三维模式研究基础为社会语言学、巴赫金的互文性和对话论,聚焦的是社会,是语言学视角的文体对社会的构建,而作为社会实践的体裁,不同于共同体范围和共同体文体的修辞建构(Swales,1990,2004;Hyland,2004)。话语共同体不仅受文类规约,而且是作者和读者基于共同体验构建的共同架构,总体上是作者劝说读者加入共同体,诱发读者合作形成同情同一、对立同一和无意识同一,构建"同体"的言语修辞行为,如言语事件(行为)转喻。文体修辞是个体和共同体的界面,在劝说三诉诸中既展现个性,又在三同一中形成群体共识(Hyland,2015:2),即作者使用修辞方式诉诸理性、情感和人品,通过语言符号诱发读者合作,形成对立同一、同情同一和无意识同一,由同一构建共同体。

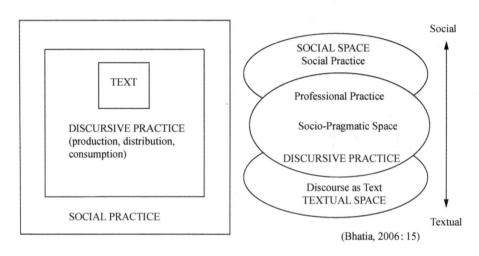

(Bhatia, 2006:15)

图 6-1 文本、话语实践和社会实践的三维模式

6.2 共同体和学科领域

话语实践发生在学科、机构中,在体裁、专业、机构和学科等之间发生大量的体裁挪用,由此,需要在文本和话语实践中增加机构话语(辛斌,2018)。巴蒂亚(Bhatia,2015,2017)把这一话语实践视为"社会语用空间"(Socio-pragmatic Space)中的"互语性"(Interdiscursive)修辞现象(Bhatia,2012:24)(图 6-1右),以此提出"批评体裁分析"(Critical genre analysis),强调体裁的动态性、杂糅性和创新性这些内在特性,这些特征也是话语共同体的特征。

"话语共同体"与机构话语和专门用途语言不同。学校、企业、政府机构等话语限于自足性领域(autonomous spheres),相对稳定。而"话语共同体"是多机构话语混合而成的复杂系统(multi-institutional complexes)(Wodak & Chilton,2016:286),共同体小到私人场合,大到政府、国际社会,呈现出跨学科、跨文化的层级间关系,其目标具有多元化、包容性,文体更加呈现出混合性、动态性、虚构性、互文性或互语性。

话语共同体概念自提出以来(Swales,1990),一直受到质疑和修正。共同体被看成是介入场合(sites of engagement)而非责任(commitment),目标(goals)被认为是世界中的存在(being in the world)(Swales,1998)。共同体提供了交际和识解彼此交流的语境(图6-2),人们在共同体中找到所需的工具资源,通过交互行为创造知识,在交际中逐渐学会作为成员应掌握特殊的话语能力,形成身份,建立关系,度过职业生涯。因此,从学科领域可以看出,它是帮助我们把作者、读者和文本结合在一起的语言使用的共同体(Hyland,2015:4),也就是通过语用修辞形成三同一,由同一构成同体的过程。

学科被看成是具有机构规约的交际网络,是意识形态形成的价值域和权力基地,体现咨询模式。学科话语的代表之一是学术话语。超现实主义观认为,学术生活导致了领域的消亡(death of discipline),领域的争夺、智力的发展、机构的便捷,使得领域边界模糊,目标不再固定不变,方式呈现多样化,概念原则不再是领域特有,过程标准也不再是一成不变(Hyland,2015:4)。

专业领域的学术写作依赖于共同的专业语境和社会文化语境,依赖于对学术共同体的熟悉。作者以熟悉的专业方式诱发读者介入,通过论证劝说读者接受某个观点,同时要预计读者的反驳,要和读者协商对话,通过三诉诸获得三同一,由同一求认同,构建同体(consubstance),也就是以修辞的方式,以适合社团假设、知识、共同的价值观的文体规约方式,劝说读者支持作者观点。这样,学术话语实践、学术写作共同体成为作者和读者相互间的想象存在,成为采取一定修辞策略实现话语目的的场所。通过篇章修辞和人际修辞的使用,通过修辞行动实现专业话语的体裁表达,而具有这些语用修辞特征的元话语,成为劝说的修辞基础,通过引导读者介入文本,进行态度协商,由修辞三诉诸实现三同一,建立共同体人际关系,达到交际目的(Hyland,2018:19-21)。

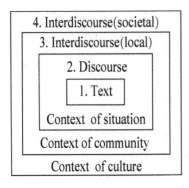 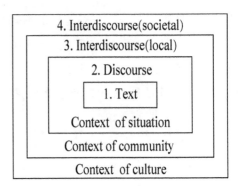

图 6-2 文本、话语共同体和社会实践模式

6.3 跨学科话语共同体的语用修辞研究

共同体实践的话语表达方式可以通过学科领域体裁的修辞行动,即语用修辞实现,构建个体和共同体成员身份。通过元话语修辞的使用,介入学科的认知和社会信仰,引导读者个人定位(positioning),建立亲近关系(proximity)(Hyland,2015:1)。

学术元话语研究始于 20 世纪 90 年代的不同语言的文本比较,往往是通过英语和其他语言的文本比较,或母语为非英语的作者文本比较,发现各种体裁写作中英美修辞的使用趋势、学科差异,揭示学术动机。通过对期刊论文、博士论文、专著、教材做出跨学科元话语的共时、历时对比研究(Hyland,2018),研究学科文体特征与修辞动机关系、修辞与专业的社会特征,反映出一定社团参与者所共现的文体规约和社会规范。

体裁的修辞方式和模式阐释不同于功能、认知语言学研究,隐喻、转喻、提喻、反喻辞格的"偏离"使用,戏剧隐喻图式中的五个基本戏剧要素的质(几何质、家族质和方向质)、量、方式(辞格)和关系(两两配对关系)的偏离,突显修辞动机、定位身份(如文献综述者、评论者、论证者),取得语用修辞效果。元话语的语用,指示语和言语行为转喻、事前情态及情态隐喻(强调语/模糊语)的使用,使得"不协调而获视角",而视角的内外"聚焦",使主体间形成同情同一、对立同一和无意识同一的修辞效果,由同一形成平衡的同体(共同体)。

话语共同体包括政治、经济、科技、教育等学科话语共同构成,总体上分为人文社科和理工科,两类学术语篇中,作者对读者作为参与者的修辞意识,也就是使用元话语引导读者的介入方式不同,语篇中语用修辞的"偏离"使用,动机突显和取得的修辞效果方面,在语用修辞图式(戏剧主义五位一体图式)中的立场介入、个人定位和关系建立的显隐性方面存在差异。

6.3.1 研究问题

(1) 人文社科和理工科的互动型学术元话语的语用修辞特征有何异同?
(2) 文体特征所体现的语用修辞功能如何?

6.3.2 研究方法与过程

为了对比人文社科和理工科(软科学和硬科学)(Hyland,2018:21)元话语,我们选择了 2015—2019 年主题皆为"Community"的软科学和硬科学期刊论文各 30 篇,软科学选择了社会学(Community Development,15 篇)、应用语言学(Computer Assisted Language Learning,15 篇),硬科学选择了生物学(15 篇)和电学(15 篇)。

采用 Wmatrix 在线软件,先检索言语行为动词 Q2.2、副词、情态词,再检索人称、名称、聚焦视角和显隐性,统计频率、分析元话语的语用修辞特征及学术共同体的三同一建构。

6.3.3 结果与讨论

表 6.1 和图 6-3 显示,人文社科和理工科学术论文多采用事中的基本元话语,即直接言语行为(阐述类、指令类),分别占 56.63%、59.37%,其次为事前的平行元话语(指称、情态模糊语),最后为言语行为方式转指的评价语(强调语、模糊语、态度语)。

阐述类言语行为中,使用比例从高到低依次为证据语、过渡语(关联语)、语码注释语和框架语进行转述、详述、解述和时序叙述,表言语行为方式元话语依次为模糊语、强调语和态度语,最后是提及语,表达态度评价。比较而言,人文学科多用自我提及、证据语、过渡语、态度语、强调语;理工学科多用框架语、介入语、指示语(Hyland,2018)。

表 6.1 人文社科(理工科)元话语语用修辞特征分布

元话语的语用修辞类型	Hyland 的元话语	人文社科(每1 000字)	人文学科(%)	人文学科(%)	语言学(每1 000字)	社会学(每1 000字)	理工科(每1 000字)	理工科(%)	理工科(%)	生物学(每1 000字)	电学(每1 000字)
能力、意愿等(平行元话语)	1 模糊语	27.93	19.56	19.56	14.97	12.96	29.01	19.63	19.63	14.94	14.37
指示语(平行元话语)	1 提及语	15.63	10.95	10.95	6.73	8.90	13.95	9.53	9.43	6.22	7.84
阐述类言语行为(基本元话语)	2 证据语	28.99	20.30	48.49	13.81	15.48	28.11	19.02	46.08	16.93	11.18
阐述类言语行为(基本元话语)	2 过渡语	22.83	15.99	48.49	13.01	9.82	20.39	13.79	46.08	11.16	9.13
阐述类言语行为(基本元话语)	2 框架语	7.66	5.36	48.49	4.65	3.01	11.41	7.72	46.08	3.90	7.51
阐述类言语行为(基本元话语)	2 语码注释语	9.76	6.84	48.49	5.57	4.19	8.20	5.55	46.08	4.12	4.08
指令类言语行为(基本元话语)	3 介入语	7.57	5.30	8.14	3.88	3.69	8.53	5.77	13.29	3.33	5.20
指令类言语行为(基本元话语)	3 内指语	4.06	2.84	8.14	2.35	1.71	11.11	7.52	13.29	5.20	5.91
言语行为方式(评价语、间接表达类)	4 态度语	5.92	4.15	12.86	3.01	2.91	4.55	3.08	11.58	2.22	2.34
言语行为方式(评价语、间接表达类)	4 强调语	12.43	8.71	12.86	6.71	5.72	12.56	8.5	11.58	5.26	5.30
总计		142.78	100	100	74.69	68.39	147.82	100	100	73.28	72.86

图6-3　人文社科(理工科)元话语分布(百分比)

(1) 事前：平行元话语

言语事件的事前部分提供研究背景、研究目的、期望(want,hope,wish)，提供理论框架或前期研究基础，多采用阐述类言语事件，提供研究前的背景(修辞场景)，往往出现在导言和文献综述语步。如：

[1]The **purpose** of this study **was to** advance current understanding of how goal-oriented communication processes occurring within disaster communication ecologies are associated with perceptions of neighborhood belonging and community resilience.

例[1]也可以用"In this study we will/want/hope to…"表达研究目的。

指示语(提及语)

指示被Fraster(1996)称为平行标记语(Parallel Markers)，它们往往和基本的言语行为共现，以人称提及语形式出现，反映主体对话语的介入和操控，表现出作者的确信、责任，体现学术的独创性，强调作者对领域的贡献、威望，从而诉诸人品，与读者形成无意识同一。

表 6.2 元话语的语用修辞分类（平行元话语）

言语行为转喻图式	五位一体修辞图式	语用修辞图式	元话语示例			对应于 Hyland 的元话语
			第一人称内聚焦，显性主观	第三人称外聚焦 显性客观	无人称零聚焦 隐性	
事前	场景(scene)	背景				
事前提条件（如背景）	行动者(Agent)	指示语	I, my, me, we, us, our	It, Sb, Sth.		self-mentions
预备条件（如能力）		可能性（能力）	can, could, may, might think, believe	It is likely that…, It seems that … It is believed that…	possibly	hedges
真诚条件（如确信、意愿），根本条件（符合）		通常性	tend to	It's usual to…	usually	
	目的(Purpose)	意愿（韧性）	will, hope, want, wish/ be determined to	It is expected that…	hopefully	attitude markers
		义务	should, must, have to	It is necessary that…		boosters

图 6-4 显示,人文社科使用人称指示(提及语)的频率总体高于理工科,因为人文学科通过突出作者的权威来说服读者,而理工科更强调自然现象、研究过程的可复制性、发现的普遍性,通过实验和结果说服读者,所以较多使用较为客观的非人称主语形式,或第三人称"it",展示出对社团的规范的遵守,以理服人,说服不同观点的读者接受结果,诉诸理性,由对立达到同一。

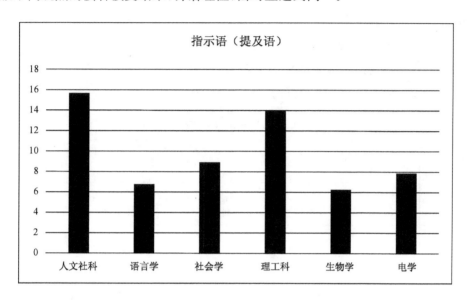

图 6-4 人文社科和理工学科指示语(提及语)对比

人称指示中出现频率最高的是主格"我们/we"(自我提及语),分为包括读者的"我们"(inclusive we)和不包括读者的"我们"(exclusive we)。包括读者的"我们"多和指令性言语行为或情态共现,引导读者的阅读方向,如"We should note that…",在软科学中出现较多。

不包括读者的"我们"多用于实验、结果,强调发现,硬学科高于软学科。如:

[2] We used hierarchical regressions to examine the relationship among citizen disaster communication (both summative scores and individual factors), and neighborhood belonging and community resilience perceptions. Our results **provide evidence** that more Event and Post-event citizen disaster communication are positively associated with perceptions of neighborhood belonging and community resilience overall.

排斥性"我们"把群体外不同观点读者拉到群内,形成对理论、方法和结论的认同,诉诸理性,形成对立同一的修辞效果。在理工科的生物学和电学中,排斥性"我们"使用明显高于人文学科,意在突出作者的存在,突出其学术贡献和学术地位。

情态模糊语

情态模糊语往往和基本的言语行为共现,人文社科和理工科使用相当,如"In this study we will/want/hope to put forward…"都表达研究的目的、期待。

（2）事中言语行为（证据语、介入语、情态强调语）。

A. 言语行为是事件中的核心部分,包括阐述(证据语)、指令(介入语突出建议和请求,情态强调语引导行为)、承诺等。如表 6.3 所示。

表 6.3 元话语的语用修辞分类（基本元话语）

语用修辞图式	元话语				对应于 Hyland 的元话语
	言语行为（方式）	第一人称显性主观	第三人称显性客观	无人称隐性方式	类型
基本元话语（施为行为标记语）	阐述类（Assertive）	state, say, confirm, explain, illustrate, analyze, show, indicate, demonstrate, according to (in) my opinion	It is said that…, Sb. says that…	Firstly(say), secondly… and, but…, For example…,	interactive markers (frame marks, transitions, evidential, code gloss, anaphoric marks)
	指令类（Directive）	order, request, demand, ask	It is ordered that… consider, note		engagement markers
	承诺类（Commissive）	agree			attitude markers
	宣告类（Declaration）	declare (begin, end), name			frame marks
	表达类（Expressive）	thank, welcome, congratulation			frame marks

① 阐述类言语行为(文本交互型)

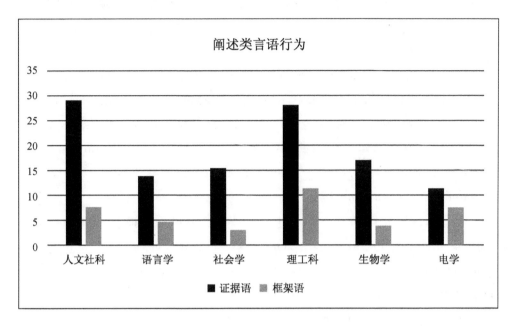

图6-5 人文社科和理工科阐述类元话语对比

阐述可以用语码注释语对命题加以换述、举述(namely/that is to say, for example),用框架语进行时序叙述(firstly/首先要说),用逻辑关联语加以详述(furthermore),特别是由证据语转述加以论证。由"say, state, describe, demonstrate, exhibit, show, illustrate, express, clarify, imply, indicate"等积极动词,表达实验数据提供的证据、表明结果,劝说不同观点的读者接受结果,与读者形成共识(辛斌,2008),积极的方向质,劝说读者与作者形成质的对立同一,从不平衡单元向语用修辞平衡单元转换,构成同体。如图6-6所示。

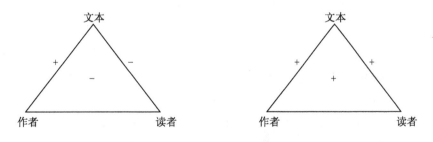

图6-6 对立同一的语用修辞平衡过程

总体上,人文学科中言语行为转喻(转述)(证据语)使用频率高于理工科。人文学科需要多方位的旁征博引,直接引用被调查者原话,或多视角的他引,语篇修辞结构上呈现出互文性,不同于理工科的线形结构,后者多为举述、逻辑关联语的详述,如:

[3]"A neighborhood is much more than the homes within its borders." In talking about their neighborhood, <u>residents</u> **wanted** a "simple life, a place for ordinary people" and a "sense of community and neighborhood, real common life". <u>One resident</u> **said** "[the neighborhood] is about people and community - focus on people first". <u>Another</u> **described** the neighborhoods as having "a soul - family and community where everyone knows everyone"… <u>One resident</u> **stated** the need for commitment "to community building, going door to door, helping <u>our</u> neighbors in need and becoming friends", and <u>another</u> "a neighborhood of people that care and want to change their lives and [their neighborhood]". <u>Another resident</u> **stated** "the culture" and "sense of community" was what makes the neighborhood unique.

In addition to identifying individual skills and strengths as assets, <u>participants</u> identified their existing Sense of Community and Cohesion as a primary strength and essential aspect of transforming the community. <u>Participants</u> in this study **described** the strong internal bonds and a lack of connections outside the neighborhood. <u>They</u> **expressed** the importance of further strengthening the bonds between neighbors and developing connections with key partners from outside the neighborhood. This finding was **especially interesting** as it contrasted with statements regarding a lack of trust among and between neighbors. <u>One resident</u> **suggested** getting rid of the "people doing drugs" **would** improve the community. <u>Others</u> **suggested** parents who did not come to meetings were not engaged in their children's education. (sociology)

[4] **According to** <u>the theory</u> of communication competence, humans use communication in a functional way to interact with others (Brown, Collins, Duguid, 1989). <u>Therefore</u>, communication competence is formed through a loop process to help members adapt to various situations. **The following dialogue and figure**

(**Figure** 7) **illustrate** a discussion among members in Second Life.

According to Lave and Wenger (1991), learning involves the whole person; it **implies** not only a relation to specific activities, but a relation to social communities—it **implies** becoming a participant, a member, a specific kind of person. *Therefore*, core members' leading techniques are unique and vital for encouraging peripheral members to be more active in the community. In this study, we observed that when core members used numerous interrogative sentences, the peripheral members were more likely to use open-ended sentences, which increased their opportunities to practice self-expression. *Therefore*, this research **proved** that the **virtual** community could adequately facilitate legitimate peripheral participation (Lave, Wenger, 1991).

Matt's learning behavior **exhibited** a loop process in which he answered

questions, asked about words that he did not understand, and corrected grammatical errors in his sentences. However, Matt's low participation in the community caused him to be classified as a peripheral member. A sample of Matt's dialogue analysis is **shown** in Table 9.

Matt's Chinese communication competence appeared to fluctuate in each meeting. Figure 6 **displays** an analysis of the progress of Matt's Chinese communication competence, which **indicates** that Matt's Chinese communication competence fluctuated throughout the study.

According to the idea of mutual engagement, every member in a community is a catalyst for change within the community (Lave, Wenger, 1991). Therefore, the topic of the conversation **is crucial** for determining the direction of the community's progress and **can** affect peripheral members' Chinese competence. Within the community itself, relationships formed between newcomers and experienced members, and among coworkers and practitioners. The study **agreed with** Lave and Wenger's (1991) hypothesis that communities themselves provide mutual engagement, and that topic of conversation is one way to encourage community members' mutual engagement, which consequently influences peripheral members' Chinese competence. (Linguistics)

而理工科多基于共同的学科理论原理、共享的客观语境和本人先前研究，多为线性的、问题-解决、原因-结果的修辞结构，多用逻辑关联语，如[5]中的"and, thus"，体现语篇修辞结构上的简洁、清晰、经济原则，使读者以最小的认知努力获得最佳的认知效果，达到与认知语境假设一致，作者通过诉诸理性与读者形成同一的语篇修辞效果，这些方面，理工科多于人文学科，不同于人文学科的旁征博引的非线性修辞结构，即便是转述，也多为自我引证，作者报道的是标准化的实验过程和发现，是读者所熟悉和共识的格式，结果来自理论、实验证实，数据一目了然，而且常用"show, confirm…"。如：

[5] The purpose of this study was to advance current understanding of how goal-oriented communication processes occurring within disaster communication ecologies are associated with perceptions of neighborhood belonging and community resilience. <u>We used hierarchical regressions to examine</u> the relationship among citizen disaster communication (both summative scores and individual factors), <u>and</u> neighborhood belonging and community resilience perceptions. <u>Our results</u> **provide evidence** that more Event and Post-event citizen disaster communication are positively associated with perceptions of neighborhood belonging and community resilience overall. <u>Thus</u> an individual's disaster communication ecology, particularly in the immediate and longer term aftermath of an event, is positively associated with perceptions of neighborhood and community connections and adaptive capacities.

These findings **provide** empirical **support** for theoretical models and conceptualizations (e.g. Houston, Spialek, et al., 2015; Norris et al., 2008) of communication's important role in community resilience. The results also **extend** <u>previous research</u> identifying positive relationships between CIT and neighborhood belonging (Ball-Rokeach et al., 2001; Kim, Ball-Rokeach, 2006; Kim, Kang, 2010), to include communication ecologies focused specifically on disasters. <u>Overall</u>, our results **confirm** that citizen disaster communication is an important part of the disaster response and recovery ecosystem. Additional implications of our findings are discussed below.

(biology)

[6]Figure 4 **shows** the results for the LFR networks by varying different parameters, **that is**, n and μ. We also vary the parameters Om and On (**see Figure** 3 in the SI text). For most of the cases, QMDov seems to be the best, which is followed by flex…, Most **surprisingly**, if we look at the trends carefully in Figure 4, we **notice** that the pattern obtained by comparing with GEI is **significantly** different from the others. This **indicates** that the GEI-based validation measure may not be a good performance indicator for community evaluation.

The heat maps in Figure 5 **show** the performance of the scoring metrics for real-world networks. We compute the correlation of the rank of the algorithms as discussed **in Section** 4.2. For the Live Journal, Amazon, and Youtube networks, the average correlations (over all validation measures) are **reported** sequentially (delimited by comma).

②指令类言语行为

指令类元话语由介入语对读者发出请求、提出建议,让读者按作者指令步骤阅读(Hyland,2015:8-9),引起读者注意,引导读者快速浏览问题并解决、研读数据并处理,聚焦得出的结论,往往为前指、回指的指令,如例[6]中的"see figure 3,in Section 4.2"。人文学科中的语言学和社会学中往往也多出现图表,如例[1]中的"The following dialogue and figure(Figure 7),in Table 9,Figure 6"。

③言语行为情态(强调语)

除了指令外,还多通过高值责任型言语行为情态(must,should,have to)与言语行为共现,用情态动词和被动句明示读者,引导读者参与论证,强调重点和理解方式,如:

[7]Multiple factors affect how people interact within a virtual community, such as community consensus, motivation, individual personalities, language competence, and leading techniques used by core community members. These elements should be considered when developing a Chinese language curriculum.

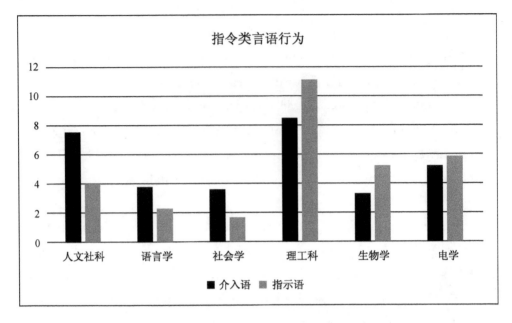

图6-7 人文社科和理工科指令类元话语对比

指令性言语行为、言语行为情态,对读者施加责任,与作者形成同情同一。

B. 言语行为方式(强调语、态度语、模糊语、评价语)

行为方式由副词形式表达,由强调语、态度语实施态度评价,如表6.4所示。

表6.4 元话语的语用修辞分类(评价语)

语用修辞元话语		示例			对应于Hyland的元话语
		显性主观	显性客观	隐性	
言语行为方式标记语	显隐性(阐述类言语行为)	I, we…	It is clear that…	clearly, evidently, obviously, certainly, undoubtedly, definitely, in fact	增强语
			It is stated that… according to sb. Sb. suggests that… As is said in the above	generally (speaking); (un)fortunately; amazingly; frankly; honestly; (speaking);	评价语

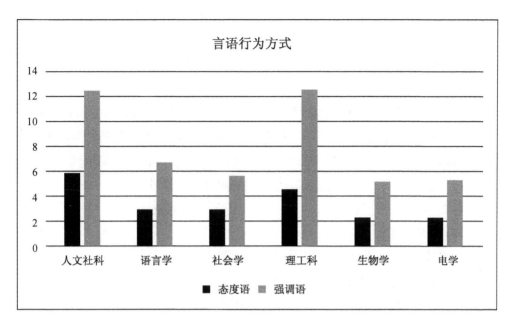

图6-8 人文社科和理工科言语行为方式元话语对比

①**强调语**(如definitely，certainly，It is clear that…)总体所占的比例次于言语行为，且软科学比例超过硬科学多，以强化作者声音，压制其他观点，收缩对话空间，体现作者对话语的操控和学术权威性。

强调语在硬科学中使用较少，以减少主观性，因为结果受主体的影响较少，使用时也多为突出个体创新贡献和学术声誉。如：

[8]This finding was **especially** interesting as it contrasted with statements regarding a lack of trust among and between neighbors.

强调语(如It is clear that…)与模糊语(如It is likely that…)语气相反，对话空间收缩，突出学术权威，或学术声誉，同时体现作者自信的个性，诉诸人格，与读者形成无意识同一。

②**态度语**(interesting，surprisingly，unfortunately)总体使用比例较少，人文社科中使用频率高于理工科。如图6-8所示。态度语由情感投射到社会域，是对通常性、正常性、可靠性等做出道德评判，对正当性、合法性做出社会裁决，诉诸人品，在伦理、价值、美学上形成无意识同一。如：

[9]Most **surprisingly**, if we look at the trends carefully in Figure 4, we

notice that the pattern obtained by comparing with GEI is **significantly** different from the others.

③模糊语

模糊语(如possible,might,likely)所占比例较小,且在软科学中比例与硬科学相当。上例[4]中通过中低值的情态(can, would, were likely to),作者对命题做出判断,表达责任、意愿,作者干预度降低,中低值情态的使用,体现作者的谨慎态度,给不同观点的读者留下了协商的空间,和读者形成同情同一,反映出作者谨慎、谦虚的人品。相对而言,在硬科学中出现较少,因为结果来自实验,较为客观,主要诉诸理性,使不同观点读者接受,形成对立同一。

(3) 事后(效果)

在宏观的语步上为学术语篇的结论、建议事件部分,主要为归纳阐述和建议类言语事件(行为)。微观的事件内步骤上,产生事后的语用修辞效果,达到对立同一、同情同一和无意识同一,形成学术话语共同体。

本章小结

在跨学科的学术话语共同体文体修辞建构中,通过言语事件,由事前的准备和真诚性条件、事中行为和方式、事后同一效果语步构成语篇修辞结构,构建共同的学术语篇空间结构。宏观结构上,事前的文献回顾、理论架构构建研究的基础,事中的研究设计构成核心,事后包括结论和建议。每一语步由微观步骤构成,在事中核心部分中,语用修辞多采用直接言语行为(阐述类、指令类),且理工科的言语行为使用多于人文学科,其次为方式转喻(强调语、模糊语、态度评价语),由主体介入目的。阐述类言语行为依次使用证据语、逻辑关联语语、语码注释语和框架语,进行转述、详述、换述和时序叙述。言语行为转喻方式使用依次为模糊语、强调语和态度语,最后是提及语。通过诉诸理性、情感和人品,与读者形成对立同一、同情同一和无意识同一(不准确同一)的语用修辞效果。

学术共同体的元话语语用修辞建构表现出学科差异性。人文学科多用人称指示(自我提及)、阐述类、表达类言语行为(证据语、过渡语、态度语、强调语),突出情感诉诸、人品诉诸,以形成同情同一和无意识同一;理工学科多用阐述类的时序叙述(框架语)、指令类言语行为(介入语)、非人称指示语,突出理性诉诸和对立同一的语用修辞效果。

基于言语事件的语用修辞研究为学术话语共同体的文体修辞研究提供了整体性、系统性、互动性模式,为跨学科、跨文化的共同体构建和传播提供了可能性。但不同的学科在共同体文体修辞构建中具有各自特点,它们之间存在着相互演进关系,需要进一步做出历时研究。即便是相同学科,在跨文化语境中使用也不同,需要进行跨文化语用修辞对比研究。

第七章　学术话语共同体的跨文化语用修辞对比研究

把言语事件从情景语境扩大到文化语境,领域内学术话语共同体的文体在跨文化修辞语境中具有差异性,需要进行同一领域话语的跨文化修辞对比研究。言语事件中的阐述类、建议类等言语行为的文体特征可以表现出文化用意,转指文化意态,在语用修辞的对立同一、同情同一和无意识同一中,建构跨文化共同体。本章通过中英学术话语文体对比,揭示共同体的文化价值观异同,为国际学术交流,为中国学术话语体系建构提供借鉴。

7.1　跨文化修辞

跨文化修辞始于 1966 年 Kaplan 的对比修辞研究。对比修辞(Connor, 1996:5)始于二语写作中的问题研究。通过母语的修辞策略使用,即母语修辞模式的迁移(如元话语语用修辞模式),解决二语写作中的问题,做出母语及文化影响的解释。

跨文化修辞(Intercultural Rhetoric, IR)基于修辞的劝说、文本语言学(Text linguistics)、体裁分析等理论模式(图 7-1),研究不同文化背景中文本生产的母语语言及文化影响,以提高作者、译者、编辑、教师和学生的跨文化交际能力(Connor, 2018)。

模式由内而外包括三层,即里层的文本、中间的话语实践(话语生产、分配和消费)和外层的社会实践,与 Fairclough(1992)的三维模式相对应。文本(Text)是文化语境中的文本;文化语境包括小文化语境(课堂、学生等组成的专业学术文化,机构文化),以及民族大文化语境;交际是借助各种体裁方式的动态的交互、协商和调适(Accommodation)过程。各种学科或专业机构的小文化(Small Culture)合成民族的乃至全球的大文化(Large Culture)(Connor, 2018)。学术

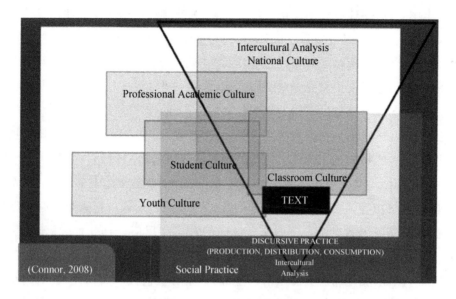

图 7-1 跨文化修辞的多层模式

文化语境中的文本形成学术话语,学术话语实践构建外层的学术共同体实践,文本、话语实践和社会实践构成跨文化分析。各种领域文化特有的文体,如学术论文有共同的文体修辞结构,由导言、研究方法、结果与讨论(IMRaD)(McIntosh,Connor & Gokpinar-Shelton,2017:14)修辞语步,构建学术话语共同体文体。

7.2 言语文化行为

文化行为是一种依托文化语境并担负着文化使命的日常言语交际行为。文化依赖言语行为实现它对社会、人际、心理生活的干预、投射,产生文化价值观。从文化语用学的狭义层面,文化行为可以理解为一种受到文化设定的、承担着具体文化功能的情景化日常言语行为,于是,文化行为具有高度文化敏感性和文化语境价值。文化行为是以话语为主要外在形式的、在宏观和微观上对文化语境产生重要作用的言语行为,或可叫"言语文化行为"(Verbal Cultural Act),通过文化行为,可揭示出话语背后的"文化语用意向"(何刚,2007)。

文化意态。文化意态(Culturally Intentional States)指的是共同体成员的心理状态,是受文化设定或约束的那些意向性状态(简称意态)。汉语与英语文化受集体心理、集体意志的文化设定,言语行为受到相应的文化心理预设,因此,个人的想法、愿望、信念要服从集体,表现为集体主义价值观,个人要遵从集体观念,才能为共同体所接受。相比之下,西方强调独立的个性,体现为个人主义价值观。在性别上,汉语文化强调阴阳平衡、合贵尚中,而西方文化则体现出男性的阳刚之气,具有攻击性。西方提倡冒险精神,不同于汉语文化的四平八稳的安全心理要求。情感上,西方表现为放纵、自由奔放,而东方强调克制、低调。这些文化意态维度,折射出东西方文化价值观差异(Hofsted,2011)。

文化用意。文化意态在情景中的具体语用表现就是文化用意。文化用意有宏观的(如祭祀等仪式)和微观的(如问候、迎来送往)形式。行为意向必须以情景为前提,是语用者在情景中对文化使命的意识和反应,但同时又高于一般情景,受到更为重要的文化意态和文化设定的作用,需上升为文化共同体层面的认同需要。因此,文化用意具有超情景性,而且具有映射性和倾向性,映射的是共同体核心的文化设定(如信念、价值和态度),反映的是集体观念,文化用意倾向于正面的价值(如诚信),避免负面价值(如欺骗)。

文化用意的情景化发生需经过情景前提化、文化激活、核心设定关联投射、价值评估(现实价值化)、用意建构(定性与定形——确定行为性质和具体形式)过程。

7.3 文化的言语修辞

文化意态存在于言语行为结构和内容中,通过言语行为表现出文化用意。断言、指令、承诺等不同言语事件(行为),在心理上具有适切性,表现出信念、欲望、意愿等(Searl,2001:35)。言语事件中事前的民族心理影响事中言语行为的选择,具有倾向性;反之,言语行为也转喻性地映射出文化用意。在言语行为转喻的修辞语境中,通过阐述类言语行为,折射出信念,通过指令类言语行为折射出欲望、需要,通过表达类言语行为,折射出意愿。在言语事件中,由核心部分的基本元话语转喻性地转指整个文化语境中的文化意态,消极/积极言语动词(如 claim, argue, insist/indicate, suggest, show)映射出性别上的阳刚/阴柔差异,或由事前言语行为情态(如强调语 must,模糊语 might)表达冒险/风险规避,质的差异,形成对立同一;或由事后元话语(如 fortunately, interestingly)表达态

第七章　学术话语共同体的跨文化语用修辞对比研究

度评价,形成同情同一;或由言语事件中的平行元话语,即指示语(I,we)转指集体主义/个人主义,形成无意识同一的语用修辞效果,由同一构建同体(共同体)。

7.4　中英学术话语共同体的跨文化语用修辞对比研究

7.4.1　研究问题

(1) 中英应用语言学学术语篇中的语用修辞特征有何异同?
(2) 语用修辞揭示的共同体文化意态和思维差异如何?

7.4.2　研究方法与过程

采用语料库研究法,收集了 2015—2019 年以来影响力靠前的国际期刊(Hyland,2019)上中国学者和英国学者发表的论文各 30 篇,主题为"Community"。选取其中的结果与讨论(results and discussion)部分,排除了注释、图表、致谢等部分,中、英各 25160,25298 字。

把语料上传到 Wmatrix4.0,检索 Q(言语),统计频次和相对频次。检索言语行为动词 Q2.2、副词、情态词;再进一步检索这些语料中的人称、名称,聚焦言语行为的直接/间接性、显性/隐性,统计频率(每 1000 字)、从质(行为质:断言、同意、赞同/否认、反驳;方向质:+/−)、量(高、中、低值)、方式(直接/间接性、显性/隐性),分析其诱发合作、同一关系形成以及学术共同体建构的文化意态。

7.4.3　结果与讨论

言语行为在方向质上的异同(+/−)、情态量值的高中低,视角上内外聚焦的清晰/模糊,方式上的显性/隐性,形成理性诉诸、情感诉诸和人品诉诸,以及对立统一、同情同一、投射误同的差异。

在学术论文的结果与讨论部分,观点提出主要是阐述类言语行为(Assertives),是对命题做出真假的判断,对观点发表宣言(Proclaim)或否认(Disclaim)。宣言包括断言(Pronounce)、同意(Concur)、赞同(Endorse)。断言是提出观点(如 I contend that …, The facts are …, We can conclude that …),同意是对观点加以肯定、确定,认为是一致或无可辩驳的(如 affirm, assert, naturally, obviously, in fact),赞同是用证据语加以支持(如 show, indicate, prove, demonstrate)。宣言的对立面是弃言,是对不同观点加以否认,包括否定、反驳(如 but, surprisingly, unfortunately)(刘立华,2010:58-60)。宣言和弃言是强调作者声音而对其他声音的反对,在话语空间上形成反转,在方向质上(+/-),通过对立形成同一(图 7-2)。

话语也可通过情态及隐喻加以引发(Entertain)(如模糊语 may, it seems that…, probably),用言语(思维)行为加以摘引(Acknowledge)(如 believe, say, hold, argue)。引发和摘引是对话语空间的扩展,意在通过话语协商,使作者与读者在情感诉诸的量(高、中、低值)、方式上(显性/隐性)诱发合作,形成同情同一关系(图 7-3)。

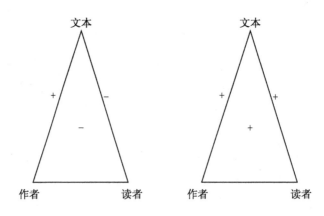

图 7-2 对立同一的语用修辞平衡过程

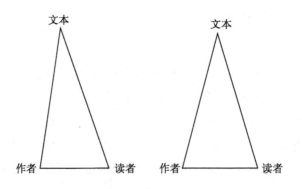

图 7-3 同情同一的语用修辞平衡过程

(1) 相同点。双方使用最多的是情态模糊语,通过话语空间的拓展,达到读者与作者的同情同一。其次为阐述类言语行为,双方多使用断言(如 we found that_)、赞同(如 show, demonstrate)词语,中/英作者较多使用的言语动词有 found(35/30 次)、show(11/20 次)、note(8/7 次)、indicate(6/5 次)、report(4/5 次)、put forward(4/2 次)、reveal(3/4 次)、demonstrate(2/3 次),通过宣告或报告研究发现,明示、暗示、展示实验结果的证据,以得到不同观点读者的赞同,或使用否认形式,否定、反驳不同观点,从而在方向质上形成对立同一。

双方再其次使用的是言语行为转述/转思,通过摘引(Acknowledge)证实观点(Xu & Nesi, 2019)。

表 7.1 中英阐述类言语行为(情态)对比

言语行为 (每 1000 字)	宣言	断言	赞同	同意	否认	摘引 言语转述	引发 情态模糊语
中	4.34	1.69	2.21	0.47	6.87	4.53	7.33
英	4.42	2.18	1.78	0.46	8.72	4.17	9.85

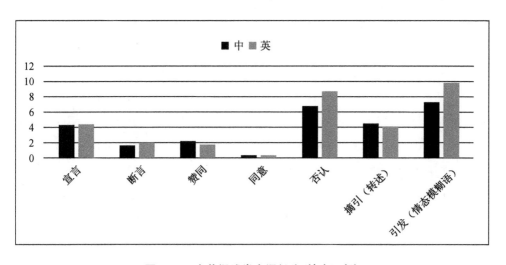

图 7-4 中英阐述类言语行为(情态)对比

(2) 不同点。表 7.1、图 7-4 显示,中国作者在类符和形符数量上多于英方,且多用 according to sb.(中/英分别为 18/5 次)、point out(9/1 次)、consider(8/1 次)、believe(7/2 次)、conclude、summarize(10/1 次)、discover(6/1 次)、

prove(5/1次),中国作者断言、赞同的形符数使用超过英国作者,以提供信息来源和充足的证据,在量上达到同一,同一于学术权威人士的观点、信念,显示较大的学术权力,折射出集体主义价值观。

英/中对比而言,英国作者多用show(20/11次)、suggest(25/11次)、illustrate(4/1次),argue(7/6次),identify(4/0次),describe(4/1次),seen(5/1次),英国作者的使用频率几乎是中国作者的两倍,主要是客观描述或展示观点,列出不同观点进行争论,体现出个人主义价值观(Xu & Nesi,2019)。如:

[1] **According to** the idea of mutual engagement, every member in a community is a catalyst for change within the community (Lave, Wenger, 1991). Therefore, the topic of the conversation is crucial for determining the direction of the community's progress and can affect peripheral members' Chinese competence.(中国语篇:Tang, Sung & Chang, 2016)

[2] These studies **suggest** that Anglophone researchers value the acknowledgement of contrasting viewpoints, while Chinese researchers prefer to present a <u>unified</u> position. This <u>unified</u> position is **argued** to be more in accordance with Confucian Cultural beliefs. For example, it has been **claimed** that Confucian culture regards language as a tool for conveying knowledge rather than as a medium for partaking in knowledge construction (Bloch & Chi, 1995). Evidence for this interpretation can be found in the declaration by Confucius, that "I transmit but do not innovate; I am truthful in what I say and devoted to antiquity"(述而不作,信而好古) and his exhortation that "it is enough that the language one uses gets the point across"(辞达而已矣). This view may be responsible for encouraging a style that has less need to engage rhetorically with alternative viewpoints and voices, or to construct knowledge by building on different opinions (Hu & Wang, 2014; Peng & Nisbett, 1999). If language simply transmits what is already known, hedging devices are not necessary, and prior research can be endorsed without question.(英国作者语篇:Xu & Nesi, 2019)

指示语中,中国作者多用第一人称(we, I)对作者自我提及,或对权威人士或经典观点的提及、学术书名等提及,反映出较大的学术权力距离大小,以及集

第七章 学术话语共同体的跨文化语用修辞对比研究

体主义价值观,达到无意识同一,如:

[3]In a virtual community, most members exhibit the interaction model of communication; **we** therefore suggest that increased use of the interaction model of communication will increase participants' motivation for interaction. (中国语篇:Tang, Sung, Chang, 2016)

情态及其隐喻表达方面,双方类符相当,但英国作者对模糊语的使用形符数较高,通过可能性(积极质)的情态助动词、形容词、副词,引发话语空间的协商,使话语空间得到扩展,通过诉诸情感,形成同情同一的语用平衡。

比较而言,情态使用语势量值上,中/英语料中除了may(66/63次)外,中国作者使用情态量值比英方的高,如can(中/英分别为71/61次)。英国作者偏向使用低值情态,如might(英/中分别为39/24次),would(英/中分别为46/14次),likely(15/8次),appear(9/2次),seem(10/17次)。在聚焦上,双方多使用外聚焦的"It is…likely/possible(that)(9/8)",中国作者还较多使用主观显性的内聚焦(+),如"(I)tend to"(3次),这些差异暗示中国作者设定的话语协商空间较小,受到学术权力的限制,克制个体情感。比较而言,英国作者的协商空间较大,受到的学术权力限制较小,情感表达较为自由放松。如:

[4]Language acquisition **can** occur autonomously in a virtual community; therefore, a Chinese language curriculum **can** adopt the virtual setting as a communication medium to provide more opportunities for language learning. Multiple factors affect how people interact within a virtual community, such as community consensus, motivation, individual personalities, language competence, and leading techniques used by core community members. These elements **should be considered** when developing a Chinese language curriculum.

It is important to consider the findings of this study in the context of its limitations. (中国作者语篇:Tang, Sung, Chang, 2016)

[5]This study addressed only one community. **While** it presents an in-depth examination of perceptions of facilitators of and barriers to change in these neighborhoods, experiences in other neighborhoods, **even** those with similar demographics, **may** be quite different. Additionally, while participants reflected the age and gender demographics of the neighborhood, variables

including educational attainment, homeowner status, previous involvement in the planning effort, length of time in the neighborhood, and family status (e. g. partnered vs. single, children vs. no children) were not captured. Other residents in the neighborhood **may** have had different views and experiences. (英国作者语篇:Brown & Baker, 2019)

复合过程

在平衡的复合过程方面,多为话语空间的先扩展然后收缩,先为不同观点的读者留下协商空间,然后强化作者观点。这方面英国作者使用明显多于中国作者,多用言语行为或情态(如 show, can, clearly)+否认(否定、反驳),通过话语引发不同观点,然后收缩或反转(否定、反驳),在充分展现个人观点后,达到不同声音的协商后同一,而非一味是权威的公认观点,如例[4]中的让步(while, even)。中方往往是通过让步方式直接加以收缩或反转(although + not),直接压制了多声达到对立同一,体现同一意志和集体主义,多出现同意、赞同学术权威的声音,体现较高的学术权力。

本章小结

言语事件图式中言语行为及情态可转指文化用意,表达文化意态,揭示出文化价值观的权力距离、集体或个人主义意识、情感类型等等。通过中、英学术论文中结果与讨论部分的言语事件(指示、行为)对比,分析了转喻修辞通过阐述类言语行为及转喻的语用修辞特征及折射的价值观。中、英作者多用阐述类言语宣告观点,并加以支持、证实、强调,劝说读者同意、赞同作者提出的观点;或否定、反驳不同观点,通过方向质(+/−)在对话语空间上形成反转,由对立求同一,即对立同一;通过高低值情态对话语空间进行拓展,形成同情同一;通过主体视角内外聚焦的显隐性方式,形成无意识同一关系;三同一构建学术话语共同体。

中、英学术话语共同体在言语行为使用上表现出的语用修辞特征差异,折射出文化价值观的不同。中国作者的语料中,言语行为转述多使用信息来源和转思的词汇,显示出对学术权威或集体观点的信念,排除不同声音,形成话语空间的反转,达到对立同一。英国作者语篇多用客观描述类和争论性词汇,发表个性

第七章 学术话语共同体的跨文化语用修辞对比研究

化观点达到对立同一。情态上,中、英作者采用高、低不同值词汇,达到同情同一,表现出情感方面的克制或奔放;言语方式上,中、英作者偏向使用第一、第三人称指示语,在内、外聚焦上的明显或模糊,体现出显隐性差异,折射出集体或个人主义意识差异,形成不同的无意识同一。这样,中、英双方作者选择相应语力的言语行为转喻修辞,使听者以最小努力达到最佳关联的平衡效果,构建出各自的学术话语共同体,这一过程是各种语用修辞的复合使用和三同一共同作用的结果。

学术话语共同体的跨学科、跨文化语用修辞研究,为学术论文的国际发表提供借鉴。但我国哲学社会科学在国际学术界的声音还相对比较小,还处于有理说不出、说了传不开的境地。要善于提炼标识性概念,打造易于为国际社会所理解和接受的新概念、新范畴、新表述,引导国际学术界展开研究和讨论。这就需要对中外话语的生成、交流和接受过程进行对比研究,构建出中国特色的学术话语共同体,尤其是人文社科话语体系构建。

第八章 人文社科学术话语共同体的语用修辞构建研究

把学术话语共同体的语用修辞范式置于社会历史文化语境中,本章从范式的主体、目标、学科层级、机制和表述方面,结合英语学术话语共同体,对现代以来中英人文社科学术共同体的构建进行研究,为中国话语体系构建提供问题方向、研究方法和交流的语用修辞策略借鉴。

话语是构建知识、身份和权力关系的社会实践(Fairclough & Wodak,1997:258)。"中国话语是根源于中国的社会实践和人生经验,为中国所特有的术语、概念、范畴和言说体系。"(高玉,2011:141)话语共时由政治话语、日常话语、学术话语等构成,由历时演进而来。学术话语是学术界对思想和知识的创造、传播和言说(Hyland,2011:171)。学术领域中有共同目标的成员,通过共同的交流渠道和机制,用共同的体裁加以表述,构成学术话语共同体(Swales,2016),是一种"在语境、历史和文化三种知识标准保障下形成的具有共同信仰的认知共同体"(van Dijk,2014:21),本章从广义的语用修辞视角,把作者转喻扩大到机构,把修辞表述扩大到各种物质和媒体方式,从学术共同体主体、学科、主题、表述及机制方面,对当代中英人文和社会科学学术话语做出研究,为中国学术话语构建提出建议。

8.1 研究回顾

8.1.1 国外研究

对于共同体研究,在理论视角和方法上,经历了从社会学等多学科研究向话语学转向。16世纪以来的思想启蒙运动和工业化过程,使英国逐步形成了包括自然和人文社科在内的科学话语体系。1887年,滕尼斯把共同体从社会学中分离,共同体概念进入了科学各领域。1942年英国哲学家布朗提出"学术共同体",1945年波兰尼聚焦于科学家集团,此后,学者们围绕默顿规范、库恩范式,对"科学共同体"做出了广泛的研究。21世纪后半叶语言学转向以来,特别是1979年以来的英国东安格利亚大学学派的批评话语分析,奠定了共同体的话语学研究基础,到1990年,确立了"话语共同体"研究。此后,学者们从文体、修辞视角对共同体身份、性别和民族的"同一"形成和"同体"构建进行了跨学科、跨文化研究(Flowerdew & Richardson,2018;Xu & Nesi,2019;Wodak et al.,2009:24),为学术话语共同体新概念、新范畴和新表述的形成提供了历史演进脉络和再语境化解释(Bernstein,2000)。但是,共同体范式演进的再语境化调适,多学科协同构建,以及物质表述和修辞策略方面(Burke,1979),研究不足。

8.1.2 国内研究

(1) 理论上,多见于学术脉络梳理和理论的引介与应用,结合本土的多学科协同研究较少。从"五四"和20世纪80年代以来,引入了英国的"科学共同体""学术共同体"话语,并与儒学传统话语相融合(高玉,2011:143),逐步形成了科技、人文社科层级性话语体系,提供了话语演进、交流策略的跨学科跨文化再情景化分析(田海龙,2019)。特别是2010年以来,引入了语言哲学、商谈伦理学、传播学、文体学和修辞学等多学科"话语共同体"理论构建(严明,2013)。但是,多学科共同体范式的演进、协同构建研究不足。

(2) 研究方法和对象上,主要从话语与社会的辩证关系分析法和社会认知分析法,研究了中国政治、经济、全球治理话语"人类命运共同体"的建构,对外交流策略和语境重置,提出了基于中华文化的中国话语体系构建、传播,揭示了英方安全共同体话语构建的零和思维及机制(辛斌,2018;文秋芳,2017;汪少华,2017;施旭,2018;孙吉胜,2017;周翔,2018)。但在路径和方法上,受英国东安格利亚大学学派的批评话语分析影响较大,这就需要研究话语交流效果及影响机制,特别是认知共同体机制(怡华,杨海峰,2014),进行跨文化语境重置对比研究。

8.2 研究问题

以往研究从多学科理论、路径、方法和应用方面,从共同体起源到"科学共同体""命运共同体"的演进和交流脉络,厘清了共同体和学术共同体话语新概念、新范畴和新表述形成的历史文化的再语境化作用,以及多学科理论建构和应用。但在共同体的学术话语构建方面,以下问题可以进一步研究:

(1) 中英人文社科学术话语共同体研究的总体演进趋势如何?
(2) 中国人文社科学术共同体的当代和未来构建如何?

8.3 研究方法与过程

采用文献计量法,借助 CiteSpace 可视化软件,以"学术共同体(Academic Community)"为篇名,从中国知网、EBSCO、JSTOR 检索出到目前为止中、英人文社科文献,组成平行语料库,从前 15 位高频词聚类,绘制可视化关键词聚类和时区图谱,从话语共同体的五位一体范式构成,分析研究主体、学科领域、主题目标、表述特征和学术机制,描述出"学术共同体"多学科协同构建现状。主体考察作者和机构分布,领域上研究哲学社会学的研究层次和学科分布,目标上考察研究主题方向,机制上考察社会规制,包括基金支持、学术评价、学术规范和学术治理等,表述上包括期刊、媒介等物质载体和修辞策略。

8.4 研究结果

8.4.1 总体趋势

以"学术共同体"为篇名,从中国知网文库中,检索到中文文献269篇(检索时间为 2020 年 8 月 15 日),按发表时间,依次为:

2020(6)
2019(32)
2018(23)

第八章 人文社科学术话语共同体的语用修辞构建研究

2017(29)
2016(33)
2015(27)
2014(21)
2013(17)
2012(20)
2011(18)
2010(10)
2009(11)
2008(2)
2007(5)
2006(7)
2005(2)
2004(1)
2002(3)
2001(1)
1991(1)

研究从1991年的"音乐学术共同体"开始,到2009年之前,发文量为个位数,2010年之后以2位数的篇幅增加,30年增加了30多倍,表明"学术共同体"研究越来越受到关注。

检索到英文文献1588篇,发文数是中文的五倍多,最早见于1913年。1990年之前发文量皆为个位数,1990年之后达到2位数,2016年达到96篇,增加数量是1991年以来的近10倍。

(1) 2020(59)
(2) 2019(75)
(3) 2018(88)
(4) 2017(85)
(5) 2016(96)
(6) 2015(78)
(7) 2014(58)

(8) 2013(58)

(9) 2012(47)

(10) 2011(53)

(11) 2010(43)

(12) 2009(31)

(13) 2008(44)

(14) 2007(26)

(15) 2006(25)

(16) 2005(26)

(17) 2004(19)

(18) 2003(23)

(19) 2002(24)

(20) 2001(19)

(21) 2000(28)

(22) 1999(24)

(23) 1998(19)

(24) 1997(21)

(25) 1996(13)

(26) 1995(13)

(27) 1994(10)

(28) 1993(13)

(29) 1992(11)

(30) 1991(11)

从总体趋势看,中文发文数虽然增速较大,但总体数量还是偏少,如图8-1所示。

8.4.2 研究层次

按学科研究层次的排序看,多为人文社科类的基础研究、行业或职业指导、高等教育和政策研究,依次为:

(1) 基础研究(169)

(2) 行业指导(社科)(23)

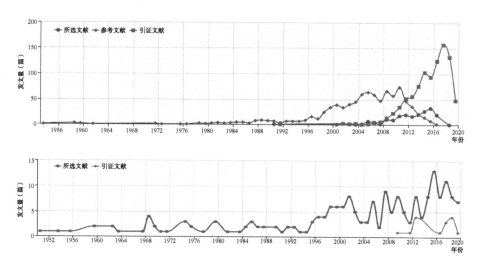

图 8-1 总体研究趋势

(3) 政策研究(社科)(16)

(4) 职业指导(社科)(13)

(5) 高等教育(10)

(6) 基础与应用基础研究(自科)(6)

(7) 基础教育与中等职业教育(3)

(8) 工程技术(自科)(2)

(9) 大众科普(2)

(10) 高级科普(社科)(1)

(11) 大众文化(1)

(12) 行业技术指导(自科)(1)

基础理论研究主要是关于学术共同体的演进、概念、特征、构成要素、理论范式等等(苌光锤,李福华,2010),关注教育行业,目前值得关注的是一些行业的应急研究,如基于灾难社会学的学术共同体理论、范式研究(韩自强,陶鹏,2015)。

8.4.3 学科构成

按学科分类排序看,人文、社科类中,形成了以教育学为焦点,新闻传播、图

书情报档案、社会学、历史学、政治学、法学、哲学、语言、文学与文化的多学科研究,依次为:

(1) 教育(74)

(2) 科学学与科技管理(47)

(3) 新闻传播(33)

(4) 图书情报档案(24)

(5) 社会(9)

(6) 历史(9)

(7) 政治(8)

(8) 法学(6)

(9) 哲学(5)

(10) 文化(5)

(11) 文学(4)

(12) 语言(3)

(13) 旅游经济(3)

(14) 音乐(3)

学术共同体的研究学科与学科发展过程中,教育成为主要学科,在强化教育理论与教育管理,提高教师专业能力发展方面的研究,成为教育教学的关键所在。

纵观欧美和中国学科体系建设和发展历程,可以发现,都经历了学术专业化过程。学术专业化过程通常经过了一个专业训练、专业组织和专业刊物依次发展起来的过程(周雪光,2019),即专业领域学术共同体构建。专业领域学术共同体范式的构建,经历了跨学科的调适过程。从知识图谱路径和时区图谱,可以把握学术共同体新概念、新范畴和新表述的发展脉络,了解范式的多学科构建演进的历史语境重置过程。通过追溯现代以来共同体概念从社会学中移出进入哲学、修辞学等各领域,从"科学共同体"到"命运共同体"的概念再造、语境重置和表述方式转变,如库恩范式进入语言学、修辞学,构成东安格利亚大学学派的认知批评话语分析、美国新修辞批评的五位一体转喻(隐喻)图式。

当前,侧重于公共事务和公共政策专门研究的高校智库型学术共同体建设,高校国别区域研究学科体系建设,具有多学科、跨领域的基本特点,是针对特定国家或者区域的政治、经济、社会、军事、人文、法律等领域的社会科学研究(罗林,邵玉琢,2018),其概念范式研究(李晨阳,2019),成为当下研究和未来研究的趋势之一。

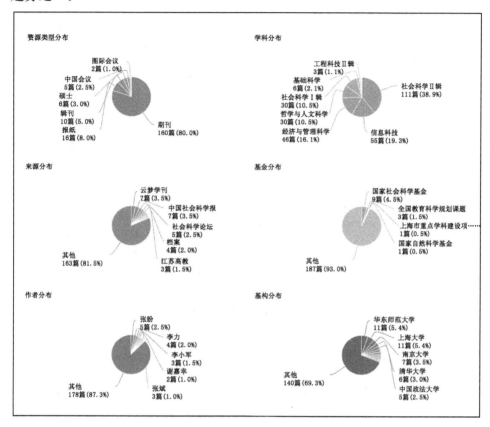

图8-2 学术共同体范式构成内容分布

8.4.4 研究主题

主题上,按关键词排列顺序,"学术共同体"研究除了基本的理论研究外,还涉及相关的学术期刊、学术评价、学术规范、教学学术及院系治理,显示了研究的方向和焦点,依次为:

(1) 学术共同体(125)

(2) 学术期刊(9)

(3) 共同体(8)

(4) 档案学(8)

(5) 学术评价(7)

(6) 高校(7)

(7) 教学学术(6)

(8) 档案学术共同体(5)

(9) 学术规范(5)

(10) 研究生(4)

(11) 建构(4)

(12) 教学学术共同体(4)

(13) 同行评议(4)

(14) 学科发展(3)

(15) 院系治理(3)

检索到的英文文献多为学习共同体的主体及参与、动机、合作、自我评价、发展教育和能力培养：

(1) Adolescents(13)

(2) Community-based Participatory Research(12)

(3) Community Engagement(10)

(4) Academic Motivation(8)

(5) Nonprofit and Academic Collaboration(8)

(6) Self-assessment(7)

(7) Community-academic Partnership(7)

(8) African American(6)

(9) Disparities(6)

(10) Developmental Education(6)

(11) Capacity Building(5)

(12) Learning Communities(5)

当前,学术规范已经达到广泛共识,但在学术评价方面,过分依赖学术期刊,作为学术共同体构成要素的交流媒介,学术期刊原初的、根本性的学术传播功能被忽视,而后来演化出来的学术评价功能则备受关注。就当下中国的人文社科学术评价与期刊评价问题而言,既要引进 SSCI 等国际评价机制,同时要关注学术的民族性问题,结合中国国情建构学术共同体的同行评价,以形成既与国际

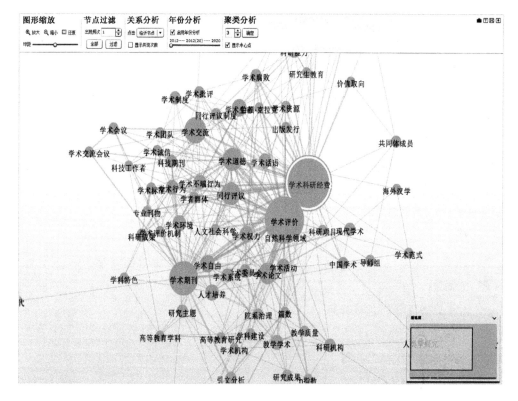

图 8-3 关键词主题共现网络

接轨又具有中国特色的学术评价体系。在建构学术共同体与进行学术评价的过程中,要注意标志性成果的质量评价,以及期刊论文、论著、研究报告、会议论文等多方面评价,为个性化的创新留下足够的空间(王浩斌,2015)。

8.4.5 研究机制

机制上,除了以上的学术评价、学术规范和学术治理外,从资助机制看,国家级的社会科学基金、教育科学规划课题和国家留学基金,力度最大,其次是省部级的规划项目,依次为:

(1) 国家社会科学基金(13)
(2) 全国教育科学规划课题(3)
(3) 国家自然科学基金(2)
(4) 云南省教育科学规划课题(1)

(5) 河南省高等学校省级重点学科点建设基金(1)

(6) 北京市哲学社会科学规划项目(1)

(7) 内蒙古自治区高等学校科学技术研究项目(1)

(8) 福建省教育科学规划课题(1)

(9) 国家软科学研究计划(1)

(10) 黑龙江省高等教育教学改革项目(1)

(11) 上海市重点学科建设项目(1)

(12) 教育部人文社会科学研究项目(1)

8.4.6 主体构成

研究主体上,从作者和研究机构分布看,主要集中于综合性大学和师范类大学,依次为:

(1) 华东师范大学(14)

(2) 上海大学(10)

(3) 南京大学(8)

(4) 清华大学(6)

(5) 苏州大学(6)

(6) 北京大学(5)

(7) 华中师范大学(5)

(8) 中国政法大学(5)

(9) 西安电子科技大学科技开发总公司(4)

(10) 广州大学(4)

(11) 中国人民大学(4)

(12) 安徽大学(4)

(13) 厦门大学(4)

(14) 四川大学(4)

(15) 复旦大学(4)

(16) 北京联合大学(4)

从作者合作网络图 8-4 中可以看出,高校研究者之间的合作关系不大,处于各自独立的研究状态,需加强合作。

第八章　人文社科学术话语共同体的语用修辞构建研究

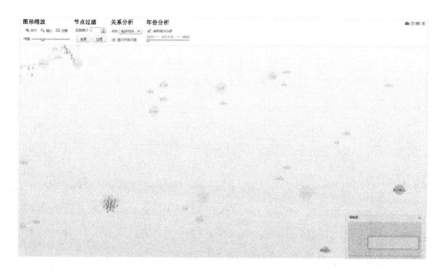

图 8-4　作者合作网络分析

本章小结

本章以文献计量法,从学术共同体五位一体范式的主体、学科层级、主题、机制、表述方面,结合学术共同体在英语世界的建构,研究了我国当代学术共同体研究现状。总体趋势看,近 30 年来,国内学术共同体研究越来越受到关注,但研究晚于国外,且总体数量还是偏少。学科构成层级上,多为社科类的基础研究、行业职业指导、高等教育和政策研究,聚焦教育学,形成新闻传播、图书情报档案、社会学、历史学、政治学、法学、哲学和语言、文学、文化的多学科研究,多学科范式经历了历史文化的再语境化演化。目前,这种多学科综合研究,可以为国别区域研究学科体系建设提供方向指引。研究主题方向和机制方面,多涉及教学和师生共同体、学术共同体构建,以及学习共同体的主体参与、动机、合作、自我评价与发展,以及能力培养。机制上关注学术评价、学术规范和学术治理问题。作为学术传播的学术期刊,其评价功能过于突显,机制上需要期刊论文、论著、研究报告、会议论文等评价相结合,加强学术共同体内的同行评价,形成多元评价机制,继续加强国家、省部级等多层次基金支持,进一步推动学术共同体在表述方式、国际交流中的修辞策略和学术认同研究。

参考文献

Abdi R, Rizi M T, Tavakoli M, 2010. The Cooperative Principle in Discourse Communities and Genres: A Framework for the Use of Metadiscourse[J]. Journal of Pragmatics, 42(6):1669-1679.

Ädel A, 2006. Metadiscourse in L1 and L2 English[M]. Amsterdam: John Benjamins Publishing Company.

Bernstein B, 2000. Pedagogy, Symbol Control and Identity: Theory, Research, Critique (Revised Edition)[M]. London: Roman and Limited Publishes.

Bhatia V K, 2016. Critical Genre Analysis[M]. London: Routledge.

Bhatia V K, 2015. Critical Genre Analysis: Theoretical Preliminaries[J]. HERMES-Journal of Language and Communication in Business, 27(54): 9.

Borg E, 2003. Discourse Community[J]. ELT Journal, 57(4):398-400.

Burke K, 1966. Language as Symbolic Action: Essays on Life, Literature, and Method[M]. Berkeley: University of California Press.

Burke K, 1979. A Rhetoric of Motives[M]. Berkeley: University of California Press.

Burke, Michael, 2014. The Routledge Handbook of Stylistics[C]. London: Routledge.

Capone A, Mey J L, 2016. Interdisciplinary Studies in Pragmatics, Culture and Society[M]. Cham: Springer International Publishing.

Capone A, Kiefer F, Lo Piparo F, 2016. Indirect Reports and Pragmatics[M]. Cham: Springer International Publishing.

Charteris-Black J, 2004. Critical Approaches to Metaphor[M]//Corpus

Approaches to Critical Metaphor Analysis. London: Palgrave Macmillan UK.

Chouliaraki L, Fairclough N, 2010. Critical Discourse Analysis in Organizational Studies: Towards an Integrationist Methodology[J]. Journal of Management Studies, 47(6):1213-1218.

Coe R M, 1994. "An Arousing and Fulfilment of Deries": The Rhetoric of Genre in the Process Era and Beyond [C]//Freedman A, Medway P. Genre and the New Rhetoric. New York: Taylor and Francis.

Crismorc, 1989. Talking with Readers: Mediscourse as Rhetorical Act [M]. New York: Peter Lang.

Fairclough N, 1989. Language and Power [M]. New York: Longman.

Fairclough N, 1992. Discourse and Social Change [M]. Cambridge: Polity Press.

Fairclough N, 1995. Critical Discourse Analysis: The Critical Study of Language[M]. London: Longman.

Fairclough N, Mulderrig J, Wodak R, 1997. Critical Discourse Analysis [M]//Discourse Studies: A Multidisciplinary Introduction. London: SAGE Publication Ltd.

Fairclough N, 2005. Discourse Analysis in Organizational Studies: The Case for Critical Realism[J]. Organization Studies,(6):915-919.

Fairclough N, 2012. Critical Discourse Analysis [C]//The Routledge Handbook of Discourse Analysis. London: Routledge.

Fairclough N, 2018. CDA as Dialectical Reasoning[C]//The Routledge Handbook of Critical Discourse Studies. London: Routledge.

Fish S, 1980. Is There a Text in the Class? The Authority of Interpretive Communication[M]. London: Harvard.

Flowerdew J, Richardson J E, 2018. The Routledge Handbook of Critical Discourse Studies[C]. London: Routledge.

Fraster B, 1996. Pragmatic Markers[J]. Pragmatics,6(2):167-190.

Gannon M J, 2012. Understanding Global Cultures[M]. London: Sage.

Gavriely-Nuri D, 2018. Cultural Approach to CDA (CCDA) [C]//

Flowerdew J, Richardson J E. The Routledge Handbook of Critical Discourse Studies. London: Routledge.

Garvin J, 2007. Text World Theory—An Introduction[M]. Edinburgh: Edinburgh University Press.

Habermas J, 2001. Moral Consciousness and Communicative Action[M]. Boston: The MIT Press.

Halliday M A K, Matthiessen M I M, 1999. Construing Experience through Meaning: A Language-based Approach to Cognition[M]. New York: Continuum.

Herzberg B, 1986. The Politics of Discourse Communities[Z]. CCC Convention.

Holtzhausen D, Zerfass A, 2014. The Routledge Handbook of Strategic Communication[M]. London: Routledge.

Hyland K, 2005. Metadiscourse—Exploring Interaction in Writing[M]. New York: Continuum.

Hyland K, 2004. Metadiscourse in Academic Writing: A Reappraisal[J]. Applied Linguistics, 25(2):156-177.

Hyland K, 2011. Academic Discourse[M]. London:Continuum Discourse Series: 171.

Hyland K, 2017. Metadiscourse: What Is It and where Is It Going[J]. Journal of Pragmatics(113): 16-29.

Hyland K, 2015. Genre,Discipline and Identity[J]. Journal of English for Academic Purposes,(19): 32-43.

Hyland K, 2018. "In This Paper We Suggest": Changing Patterns of Disciplinary Metadiscourse[J]. English for Specific Purposes, 51:18-31.

Jun C, Vijak K, Bhatia V K, 2019. Critical Genre Analysis: Investigating Interdiscursive Performance in Professional Practice[J]. Applied Linguistics, 40(3):562-565.

Kristeva J, 1989. Word, Dialogue and Novel[M]. New York: Columbia University Press.

Labov W, 1972. Language in Inner City[M]. Pennsylvania: University of Pennsylvania Press.

Labov W, 2015. Voices of the Speech Community: Six people I have Learned From[M]//The Handbook of Discourse Analysis. Hoboken: John wiley and Sons, Inc.

Lakoff G, 2016. Moral Politics: How Liberals and Conservatives Think [M]. Chicago: University of Chicago Press.

Li J, 2009. Intertextuality and National Identity: Discourse of National Conflicts in Daily Newspapers in the United States and China[J]. Discourse and Society, 20(1): 85 - 121.

Miller, Carolyn R, 1944. Genre as Social Action[M]//Genre and the New Rhetoric. New York: Taylor and Francis.

Miller, Carolyn R, 1994. Rhetorical Community: The Cultural Basis of Genre[M]//Genre and the New Rhetoric. New York: Taylor and Francis.

Mao L R, 1993. I Conclude Not: Toward a Pragmatic Account of Metadiscourse [J]. Rhetoric Review, 11(2): 265 - 289.

McIntosh K, Connor U, Gokpinar-Shelton E, 2017. What Intercultural Rhetoric can Bring to EAP/ESP Writing Studies in an English as a Lingua Franca World[J]. Journal of English for Academic Purposes(29): 12 - 20.

Musolff A, 2016. Political metaphor Analysis: Dicourse and Senarios. Bloomsbury Critical Introductions to Linguistics[M]. New York: Bloomsbery Academic.

Ngai C S B, Singh R G, 2017. Move Structure and Communication Style of Leaders' Messages in Corporate Discourse: A Cross-cultural Perspective[J]. Discourse & Communication, 11(3): 276 - 295.

Porter J E, 1986. Intertextuality and The Discourse Community[J]. Rhetoric Review, 5(1): 34 - 47.

Rayson P, 2008. From Key Words to Key Semantic Domains [J]. International Journal of Corpus Linguistics, 13(4): 519 - 549.

Shi Xu, 2014. In Cultural Dialogue with CDA[J]. Critical Discourse

Studies, 11(3):360-369.

Swales J M, 1990. Genre Analysis: English in Academic and Research Settings[M]. Boston: Cambridge UP.

Swales J M, 2016. Reflection on The Concept of Discourse Community [J]. ASP (69):7-19.

Swales J M, 1990. Genre Analysis: English in Academic and Research Settings[M]. Cambridge: Cambridge University Press.

Toumi N, 2009. A Model for the Investigation of Reflexive Metadiscourse in Research Articles[J]. University of Reading Language Studies Working Paper, 1:64-73.

van Dijk, 1980. Macrostructures: An Interdisciplinary Study of Global Structures in Discourse Interaction and Cognition[M]. Floence: Lawrence Erlbaum Associates.

van Dijk, Teun A, 2014. Discourse and Knowledge: A Social-cognitive Approach[M]. Cambridge: Cambridge University Press.

van Dijk, Teun A, 2009. Critical Discourse Studies: A Sociocognitive Approach[M]//Wodak R, Meyer M. A Multidisciplinary Introduction. London: Sage.

Verhagen A, 2014. Constructions of Intersubjectivity: Discourse, Syntax, and Cognition (交互主观性的建构:话语、句法与认知)[M]. 北京:世界图书出版公司.

Verschueren J, 钱冠连, 2005. Understanding Pragmatics(语用学诠释) [M]. 霍永寿, 译. 北京: 清华大学出版社.

Wendt A, 2004. The State as Person in International Theory[J]. Review of International Studies, 30(2): 289-316.

Wodak R, 2018. Discourses about Nationalism [C]//Flowerdrew & Richardson. The Routledge Handbook of Critical Discourse Studies. London: Routledge.

Wodak R, et al, 2009. Discursive Construction of National Identity[M]. Edinburgh: Edinburgh University Press.

Wodak R, Chilton P, 2005. A New Agenda in (Critical) Discourse Analysis: Theory, Methodology, and Interdisciplinary[M]. Amsterdam: John Benjamins Publishing Company.

Wodak R, Chilton P, 2016. A New Agenda in (Critical) Discourse Analysis: Theory, Methodology and Interdisciplinary[M]. 北京:北京大学出版社.

Xu X Y, Nesi H, 2019. Differences in Engagement: A Comparison of the Strategies used by British and Chinese Research Article Writers[J]. Journal of English for Academic Purposes(38): 121-134.

Zienkowski J, Östman J O, Verschueren J, 2011. Discursive Pragmatics[M]. Amsterdam: John Benjamins Publishing Company.

伯克,等,1998.当代西方修辞学:演讲与话语批评[M].常昌富,顾宝桐,译.北京:中国社会科学出版社.

苌光锤,李福华,2010.学术共同体理论研究综述[J].中国电力教育(21):8-10.

陈建平,2017.中英美大学机构身份建构的话语策略比较[J].现代外语,40(1):24-36.

陈新仁,等,2013.语用学视角下的身份与交际研究[M].北京:高等教育出版社.

陈新仁,2017.跨学科前沿研究:伦理语用学[J].中国外语,14(3):1.

陈新仁,2013.批评语用学视角下的社会用语研究[M].上海:上海外语教育出版社.

陈新仁,李梦欣,2016.学术语境下的身份冲突及话语策略:基于学术会议主持人话语的分析[J].外语研究,33(2):16-22.

斐迪南·滕尼斯,1999.共同体与社会[M].林荣远,译.北京:商务印书馆.

郭佳,2015.机构话语与专门用途语言的关系探析[J].外语学刊,185(4):49-524.

高玉,2011.中国现代学术话语的历史过程及其当下建构[J].浙江大学学报(人文社会科学版),41(2):140-151.

韩自强,陶鹏,2016.美国灾害社会学:学术共同体演进及趋势[J].风险灾害危机研究(1):64-76.

何自然,冉永平,莫爱屏,等,2006.认知语用学:言语交际的认知研究[M].上海:上海外语教育出版社.

黄国文,2017.从系统功能语言学视角看政治演讲语篇:以习近平第70届联合国大会一般性辩论中的演讲为例[J].外语学刊(3):7-11.

李晨阳,2019.关于新时代中国特色国别与区域研究范式的思考[J].世界经济与政治(10):143-155.

林存光,2016.大道之行也,天下为公[N].光明日报,11月23日.

林予婷,苗兴伟,2016.战争合法化的话语策略[J].外语与外语教学(5):59-68.

罗林,邵玉琢,2018."一带一路"视域下国别和区域研究的大国学科体系建构[J].新疆师范大学学报(哲学社会科学版),39(6):79-88.

马丁,2012.马丁文集6:批评话语分析/积极话语分析[M].上海:上海交通大学出版社.

马国彦,2010.元话语标记与文本自互文:互文视角中的篇章结构[J].当代修辞学(5):21-31.

日拉尔,日奈特,2013.转喻:从修辞格到虚构[M].桂林:漓江出版社.

施旭,2018.(逆)全球化语境下的中国话语理论与实践[J].外国语,41(5):90-95.

申丹,2008.西方文体学的新发展[M].上海:上海外语教育出版社.

孙吉胜,2017."人类命运共同体"话语传播与国际安全治理[J].中国与国际安全学刊,5(2):30-32.

沈家煊,2001.语言的主观性主观化[J].外语教学与研究,33(4):268-275.

田海龙,2015.新修辞学的落地与批评话语分析的兴起[J].当代修辞学,190(4):32-40.

田海龙,2019.知识的交汇与融合:批评话语分析、社会符号学以及新修辞学发展轨迹引发的思考[J].当代修辞学,211(1):55-64.

王福祥,1994.话语语言学的兴起与发展[J].外语与外语教学,78(4):3-10.

王浩斌,2015.学术共同体、学术期刊与学术评价之内在逻辑解读[J].中国社会科学评价(3):69-81.

王强,成晓光,2016.元话语理论研究范式述评[J].外语与外语教学,287(2):55-62.

汪少华,张薇,2017.论中国政治话语体系的认知建构:以习近平2017年瑞士两场演讲为例[J].南京师大学报(社会科学版)(5):146-153.

文秋芳,2017.拟人隐喻"人类命运共同体"的概念、人际和语篇功能[J].外语学刊,196(3):1-6.

温植胜,2005.新修辞学派体裁研究的社会认知视角[J].天津外国语学院学报,12(6):46-52.

辛斌,李悦,2016.中美领导人互访演讲中具体互文性的语用分析[J].山东外语教学,37(1):3-11.

辛斌,刘辰,2017.van Dijk 的社会:认知话语分析[J].外语学刊,198(5):14-19.

辛斌,2018,体裁互文性的话语分析:以南中国海仲裁案为例[J].外国语,41(5):96-103.

亚里士多德,1994.亚里士多德全集:第9卷[M].北京:中国人民大学出版社.

严明,2013.话语共同体理论建构[M].上海:复旦大学出版社.

怡华,杨海峰,2014.英国智库对英国对华决策的影响机制:以皇家国际事务学会为例[J].外交评论(4):121-138.

张德禄,贾晓庆,雷茜,2015.英语文体学重点问题研究[M].北京:外语教学与研究出版社.

张德禄,孙仕光,2015.政治演讲语篇中的认同语义系统及语言资源选择:以奥巴马的一次演讲为例[J].外语教学,36(1):13-17.

张立新,张权,2007.论语言行为情态:情态及情态隐喻的认知语用分析[J].广东外语外贸大学学报,18(2):54-57.

张立新,2014.隐喻认知语用研究[M].广州:世界图书出版广东有限公司.

周雪光,2020.从中美社会学学科比较看学术专业化和学术共同体[J].中国社会科学文摘(2):12-13.

周翔,2018."命运共同体"的话语体系建构:概念再造、语境重置与方式转换[J].学术前沿(7):62-70.

朱丽君,2019.共同体理论的传播、流变及影响[J].山西大学学报(哲学社会科学版),42(3):84-90.